Moritz Abraham Levy

Siegel und Gemmen

mit aramäischen, phönizischen, althebräischen, himjarischen, nabathäischen und

altsyrischen Inschrifter

Moritz Abraham Levy

Siegel und Gemmen
mit aramäischen, phönizischen, althebräischen, himjarischen, nabathäischen und altsyrischen Inschrifter

ISBN/EAN: 9783743481039

Hergestellt in Europa, USA, Kanada, Australien, Japan

Cover: Foto ©ninafisch / pixelio.de

Manufactured and distributed by brebook publishing software (www.brebook.com)

Moritz Abraham Levy

Siegel und Gemmen

Siegel und Gemmen

mit

aramäischen, phönizischen, althebräischen, himjarischen,
. nabathäischen und altsyrischen Inschriften

erklärt

von

Professor Dr. M. A. Levy.

Mit drei lithographirten Tafeln.

Breslau, 1869.

Verlag der Schletter'schen Buchhandlung
(H. Skutsch).

Vorwort.

In der hier veröffentlichten Abhandlung, welche wir der Aufmerksamkeit und Nachsicht der Orientalisten und Archäologen empfehlen, haben wir es uns ganz besonders zur Aufgabe gemacht, so vollständig als möglich das Material zusammen zutragen und nach Kräften zu erläutern. Die Erklärung hat sich auf das Nothwendigste beschränkt; da wir es hauptsächlich mit Deutung von Eigennamen zu thun hatten, so sind wir der Versuchung, über zweifelhafte Etymologien uns allzusehr zu verbreiten, wo möglich ausgewichen; in sehr vielen Fällen haben wir sehr gerne unser Unvermögen offen bekannt und hoffen von Mitarbeitern auf diesem Gebiete weitere Belehrung. Diese wird sicherlich auch nicht ausbleiben, wenn unsere Kenntniss der semitischen Welt durch fernere Entdeckungen sich erschliesst; wer diesen im Laufe der letzten Jahre aufmerksam gefolgt ist, wird dankbar das *dies diem docet* erkennen und keinen Augenblick an der Möglichkeit noch grösserer Fortschritte auf dem Felde der Epigraphik und semitischer Archäologie zweifeln. Die Kenntniss um diese letztere steht in der That noch auf der ersten Stufe der Kindheit, und wenn man dies eingesteht, wird man uns gewiss nicht tadeln, dass wir uns nicht in weitläufige Erklärungen über die Bedeutung der symbolischen Figuren auf unsern Denkmälern eingelassen haben.

Sehr gerne hätte ich auch kufische und arabische Legenden auf Siegeln und Gemmen, von denen ich bereits einzelne gesammelt habe, in der vorliegenden Abhandlung berücksichtigt. Einerseits jedoch ist meine Sammlung noch nicht umfangreich genug, und hätte ich auf eine grössere Vollständigkeit warten wollen, so würde die Veröffentlichung dieser Schrift gar zu weit hinaus geschoben worden sein; anderseits steht wohl in nächster Zeit von sehr competenter Seite eine derartige Abhandlung zu erwarten. Und so möge denn für's Erste das Gebotene genügen.

Breslau, 21. August 1868.

Der Verfasser.

Inhalt.

Einleitung.

Die hohe Bedeutung für die Archäologie der Kunst, welche Siegel und Gemmen aus alter Zeit haben, ist längst erkannt worden. Die auf ihnen sich findenden Inschriften nehmen auch ganz besonders das Interesse des Sprachforschers und Paläographen in Anspruch und sind diese Denkmäler auch desshalb von ganz besonderem Werthe, weil sie, enstprechend ihrem Werthe, in der Regel eine gewisse Sorgfalt der Anfertigung voraussetzen. Es dürfte daher wohl den Archäologen nicht unwillkommen, sein, wenn wir in dem Folgenden eine Reihe von Siegeln und Gemmen mit semitischen Inschriften aus älterer Zeit veröffentlichen, welche zum Theil noch gar nicht, oder doch nur in unvollständiger Weise — wir haben dabei hauptsächlich die Inschriften im Auge — bekannt geworden sind.

Zu gleicher Zeit werden wir auch diejenigen einschlagenden Denkmäler berücksichtigen, die zerstreut in verschiedenen Werken schon früher an's Licht getreten sind, so dass der Leser eine möglichst vollständige Uebersicht des hierher gehörenden Materials sich verschaffen kann.

Dies ist seit den letzten Jahren ziemlich umfangreich geworden und weithin zerstreut. Eine kleine Sammlung: „Backsteine, Gemmen und Siegel aus Mesopotamien mit phönizischer (altsemitischer) Schrift“ haben wir bereits 1857 (s. phöniz. Studien II, S. 21 fg.) zusammenzustellen versucht; sie wurde auch später 1864 (s. phön. Stud. III, 77 fg.) fortgesetzt. Seit dieser Zeit und kurz zuvor haben verschiedene Zeitschriften neue Beiträge geliefert. Besonders ist hier zu nennen eine Abhandlung im Journal of the Royal Asiatic Society (N. S. I, p. 187—246) von H. Rawlinson: „Bilingual Readings — Cuneiform and Phoenician. Notes on some Tablets in the British Museum, containing Bilingual Legends (Assyrian and Phoenician),“ welche theils neue, theils ältere Dokumente zusammenstellt und die semitischen Inschriften durch

1

die Keilinschriften zu erklären versucht. Die Abdrücke — sofern die
semitischen Inschriften in Betracht kommen — sind zum Theil leider nicht
ganz treu wiedergegeben, daher denn die Interpretation derselben nach
diesen Dokumenten nicht vorgenommen werden darf. Es lag dem Verfasser mehr an der Verwerthung der Ergebnisse der Keilschrift, um die
er sich erhebliche Verdienste erworben hat, für die Erklärung der semitischen Legenden, als an diesen selbst. Wir lassen die Deutung der
Keilschrift, als unseren Studien fern liegend, bei Seite und wollen versuchen die semitischen Inschriften ohne die Hülfe jener noch immer
nicht genügend aufgehellten Schriftart zu erklären.

Eine umfangreichere Sammlung hat der verdienstvolle Archäologe
M. de Vogüé in der Revue archéologique, im Juniheft d. J., veröffentlicht. Wir hatten bereits den grössten Theil der vorliegenden Arbeit
beendigt, als uns die des französischen Gelehrten zu Gesicht kam. Obgleich derselbe beinahe ganz dieselben Quellen, welche auch uns zu Ge-
bote gestanden haben, benutzt hat, und das Material von uns nur in
einigen Punkten vermehrt werden konnte, so hielten wir es doch nicht
für zweckmässig unsere Arbeit zu unterdrücken, einerseits, weil die
Zeitschrift, in welcher die Abhandlung des Herrn de Vogüé sich befindet,
nicht so leicht in weitere Kreise gelangt und es Archäologen wünschenswerth erscheinen dürfte, ohne vielen Kostenaufwand das Material für
ihre Zwecke zu benutzen, andererseits weil es in unserm Plane lag auch
die bereits veröffentlichten Siegelinschriften und auch die in altsyrischer
und himjarischer Schrift abgefassten zu berücksichtigen. Wir hielten es
daher für nützlicher unsere Abhandlung nach dem Erscheinen der von
de Vogüé nochmals umzuarbeiten, sie durch das neue Material zu er-
gänzen und unsere etwaigen divergirenden Ansichten zu begründen.

Die Stücke aus der Sammlung des britischen Museums und die des
pariser Louvre, sowie die durch Herrn Waddington auf seiner Reise
nach dem Orient erworbenen, welche unsere lithographirten Tafeln ent-
halten, hatte ich bei einem Besuche von Paris und London im Frühjahr
1867 in Siegelabdrücken von den Herren S. Birch, Lavoix und
Waddington erhalten, und benutze ich gerne diese Gelegenheit ihnen
öffentlich meinen ergebensten Dank für ihre ausserordentliche Freund-
lichkeit, mit der sie meinen Wünschen entgegenkamen, auszusprechen.

Die Eintheilung unserer Monumente nach den Schriftzeichen
ist, abgesehen von den zwei letzten Klassen, welche durch ganz speci-
fischen Schrifttypus leicht erkennbar sind, nicht immer mit völliger

Sicherheit zu treffen. Die Herkunft, die ohnehin sehr häufig sich
nicht ermitteln lässt, kann nicht entscheidend sein, weil der Gegenstand
auf dem Wege des Verkehrs oder auf sonst zufällige Weise von der ur-
sprünglichen Heimath in ganz ferne Gegenden gelangt sein kann. Nütz-
lich, wenn auch nicht ganz unbedingt den Ausschlag gebend, ist nicht
selten die Rücksichtnahme auf die Kunst, Ausschmückung und symbolische Beigaben, welche neben der Inschrift gewöhnlich auf Siegeln und
Gemmen sich finden. Die Inschrift selbst jedoch muss nach Inhalt und
Form in der Regel die Entscheidung geben, ob wir Aramäer, Hebräer
oder Phönizier als Besitzer des betreffenden Monuments vor uns haben.
Der Inhalt, wenn man den lexikalischen und grammatischen der Inschrift in Betracht zieht, klärt über die Sprache und mithin auch Nationalität nur zum Theil auf. Das einzige Wörtchen בן Sohn, בת Tochter oder אשת Frau giebt wohl den Fingerzeig, dass wir es mit Nicht-
aramäern zu thun haben, wobei noch die Hülfe, welche die grammati-
kalische Form des Namens bietet, nicht ganz verschmäht werden darf.
Bleiben dann noch Zweifel übrig, dann entscheidet in letzter Instanz die
Schriftform. Es lassen sich nämlich ganz bestimmte Kennzeichen angeben, sowohl für die aramäische, als auch phönizische und althebräische
Schrift, nachdem diese Schriftarten von der Urquelle ausgegangen und
im Laufe der Zeit bei häufigem Gebrauch einen bestimmten Typus angenommen haben, um, geleitet von diesem Typus, eine genauere Classifi-
cation zu bilden. Da jedoch die Inschriften auf den Monumenten, mit
denen wir es hier zu thun haben, meistens sehr kurz sind, so bleibt bei
aller Rücksichtnahme auf die angegebenen Kennzeichen doch noch
mancher Zweifel zurück, wie dies weiterhin noch erhellen wird. Ist
endlich auch die Entscheidung zwischen Aramäern und Kanaaniten
(so wollen wir vorläufig die Westsemiten nennen) getroffen, so ist noch
weiter zu untersuchen, wem von den canaanitischen Völkerschaften der
fragliche Gegenstand angehört haben könnte. Wir ziehen hierbei, um
uns nicht in kleinliche Untersuchungen zu verlieren, nur die zwei Völker
Hebräer und Phönizier in Betracht. Aber auch hier ist die Zutheilung
nicht so leicht, da sprachliche Merkmale beiden genannten Völkern im
Allgemeinen gemeinsam sind, und das Vorhandensein von Symbolen und
bildlichen Darstellungen überhaupt nicht so sprechende Zeugen, wie man
von Vornherein glauben sollte, für das eine oder das andere Volk sind,
wie das Folgende noch genauer belegen wird. In der Regel muss dann
doch der Schrifttypus den Ausschlag geben, der bei jüngern Monumenten

ein besserer Führer als bei ältern ist. Auch die Reihenfolge der Zeit nach zu bestimmen, ist nicht ohne Schwierigkeit, wenn nicht zufällige Umstände das Datum annähernd angeben. Wenn z. B. eine Gemme unter dem Fundamente eines colossalen Stieres im Palaste von Nimrud gefunden worden ist, so liegt die Zeitbestimmung für diese ziemlich nahe, wenn man durch anderweitige Inschriften erfährt, zu welcher Zeit das Gebäude entstanden ist. Sonst muss man sich an die übrigen angegebenen Merkmale halten und sich begnügen, wenn man auch nur annähernd die Zeitbestimmung ermitteln kann.

I.
Siegelsteine mit aramäischen Inschriften.

Wir stellen diese Denkmäler den übrigen voran, weil wir der Ansicht sind und sie auch an verschiedenen Orten schon ausgesprochen haben, dass der Ursprung unserer Schrift bei einem Volke aramäischen Idioms, wahrscheinlich bei den Babyloniern, zu suchen sei. Mit dieser Anordnung ist freilich kein Urtheil über das etwaige relative jüngere Alter der nächstfolgenden Monumente, der mit nichtaramäischen Inschriften versehenen Siegel gegeben: denn Denkmäler, welche der Erfindung der Schrift nur einigermassen nahe gestanden haben, sind schwerlich auf uns gekommen; wir können nur an der Hand gewisser mit semitischer Schrift versehenen Monumenten, deren Alter gewiss hoch hinaufragt, das relative Alter anderer bestimmen. So werden wir bei einzelnen der folgenden Siegel nicht fehlgreifen, wenn wir sie in's achte vorchristliche Jahrhundert hinaufrücken, wenn ihre Inschriften den ältesten dem Alter nach mit Sicherheit zu bestimmenden aramäischen, z. B. den auf assyrischen Gewichten[1]), nicht nachstehen, während andere, nach weiter anzugebenden Kennzeichen, bis in die Zeit der Herrschaft der Achämeniden herunter gerückt werden müssen.

Sämmtliche hier zu besprechende Siegel sind mit Bildern, welche zum Theil mit dem assyrisch-babylonischen Cultus, oder in späterer Zeit mit dem der Perser in Verbindung stehen, versehen; auf einzelnen nimmt

---

[1]) Vgl. über diese E. Norris im Journal of the Royal Asi. Society 1856, Bd. XVI. S. 215 fg., ferner unsere Gesch. d. jüd. Münzen, S. 147 fg. Madden: history of Jewish coinage, p. 259 sq. u. J. Brandis: Das Münz-, Maass- und Gewichtswesen, S. 41 fg. Ueber das hohe Alter dieser Monumente ist man im Allgemeinen jetzt einig.

man menschliche Figuren in anbetender Stellung wahr, unter welchen die des Besitzers gewesen sein mag. Der grösste Theil dieser Monumente hat die Cylinderform, manche von ziemlich grossem Umfange; die Kunst steht im Allgemeinen auf nicht geringer Stufe. Der so häufige Gebrauch des Siegels bei den Assyrern und Babyloniern (von diesen berichtet es ja ausdrücklich Herodot (I, 195)[1]), dass jeder sein eigenes Siegel besass), von dem die sehr zahlreichen Funde in den Ruinen dieser Reiche ein sprechendes Zeugniss ablegen, hat die Kunst des Gravirens gewiss frühzeitig zur Uebung und allmälig zu grosser Vollkommenheit gebracht. (Vgl. über dieselben Layard: Nineveh and Babylon p. 602 seq., derselbe Monuments of Nin. II ser. pl. 69. und J. Brandis, Art. Assyria in Pauly's Real-Encyclopädie, 2. Aufl. S. 1906.)

Was in ältern Werken von derartigen Denkmälern mit altsemitischen Inschriften abgebildet und besprochen worden ist, hat Gesenius zum grossen Theil[2]) bis zum Jahre 1837 in seinem bekannten Werke: Monumenta linguae Phoeniciae etc. berücksichtigt; daher wir in Aufzählung des einschlagenden Materials dieses Werk zum Ausgangspunkt nehmen.

1. Gesenius a. a. O. tab. 28, Nr. LXVII, *bis* giebt das Abbild eines Cylinders mit der Inschrift לבֹרֹנֵד (wie Ges. richtig liest), der offenbar nach Schrift und Kunst Assyrien oder Babylonien angehört. In dem Schrifttypus ist hier die Form des Samech beachtenswerth, das wir stets so gestaltet in den Culturländern des Euphrats und Tigris finden. Auf specifisch phönizischen Denkmälern haben wir es noch nicht in dieser alterthümlichen Form angetroffen. Auch Rawlinson (a. a. O. p. 239) Nr. XII giebt die Legende. Das Siegel gehört jetzt der Sammlung des britischen Museums an.

Eine zweite etwa hierherzuziehende Gemme bei Gesenius a. a. O. tab. 31, Nr. LXVIII werden wir weiterhin besprechen.

2. Eine elfenbeinerne Broche im britischen Museum, deren Inschrift wir in unsern phön. Stud. I, S. 7, Anm. 1 veröffentlicht haben, enthält die Worte

למֹלֹך דֹם

„dem erhabenen Könige." Man wird nicht zu hoch hinaufgehen, wenn man diese Inschrift in's 8. Jahrhundert vor Christo setzt, wenn man er-

---

[1]) Vgl. auch Strabo XVI, 746. Es heisst hier von den Assyrern: φοροῦσι δὲ καί σφραγίδα κ. τ. λ.

[2]) Himjarische, syrische und kufische Inschriften sind davon ausgeschlossen.

wägt, dass sie unter dem Fundament eines kolossalen Stieres im Palaste
zu Nemrud gefunden, der durch anderweitige inschriftliche Zeugnisse
im 8. Jahrhundert erbaut sein soll. (Vgl. Bulletin archéologique de
l'Athénéum français Nr. 27. Juin 1856 p. 48.) Die Schrift ist in der
That eine sehr alterthümliche.

3. Unter der Basis eines grossen Stieres des Palastes von Khorsabad
fand Victor Place das Siegel mit der Inschrift

עבדבעל

dem also nach de Longpérier (journal asiatique 1855, II. S. 422) ein
sehr hohes Alter, etwa das 8. Jahrhundert vor Christo nicht abzusprechen
ist. S. unsere Taf. I Nr. 1. Die nähere Beschreibung siehe a. a. O. bei
de Longpérier [1]).

4. Ein Cylinder, dem britischen Museum angehörig, dessen Abbildung
wir bereits phön. Stud. II. Nr. 1 gegeben haben, enthält die Inschrift

לאבדבן
בר נבדד
סרפא
יי הקרב
להדד

„Dem Ak'dban, Sohn Gebrod's, Beamten (oder Eunuch), welcher
den Hadad verehrt." Vergl. ZDMG. XXI. S. 429. Anm. 2[2]).
Auch Rawlinson (a. a. O. p. 232) giebt die Inschrift, etwas verschieden
von der von uns genau nach einem Siegelabdruck angefertigten, ohne
Bild, und liest und erklärt dieselbe ganz anders nach assyrischen Keil-
schriften [3]).

---

[1]) „Un cachet d'agate translucide … sur laquelle se trouve, entre un disque
ailé, un épervier et deux ureus, une ligne de très beaux caractères phéniciens.
Der berühmte Archäologe wird wohl nichts dagegen einzuwenden haben, wenn
wir statt phönizischer Charaktere aramäische setzen, schon in Rücksicht
auf den Fundort und die alterthümliche Form der Buchstaben.

[2]) Wir haben hier bereits statt des מ in Z. 4 und 5 ein He gelesen.

[3]) Er liest: Li Akadi bin Bereg-berud etc., d. h. „Of Akadi the son of
Bereg-berud, the eunuch, who was the devotee of Hadad." M. de Vogüé, der
das Siegel ebenfalls abdruckt (a. a. O. Nr. 24, S. 121) erklärt ganz wie wir. In
der Inschrift variirt das eine und das andere Zeichen von unserer Zeichnung.
Wir haben diese nochmals mit dem Siegelabdruck verglichen und sie ganz correct
gefunden.

5. Ein Siegel, Chalcedon, des britischen Museums, mit der Inschrift

להדרקיע בר הרבעד

„des Hadrakja', Sohnes Horbad," haben wir ebenfalls (a. a. O. Nr. 4) veröffentlicht. Wir lasen früher Hodbaad; vielleicht ist Horbad (vergl. weiterhin Nr. 7), mit de Vogüé zu lesen, obgleich beide Namensformen gleichschwer zu deuten sind. In der Schrift ist das Alterthümliche nicht zu verkennen. Auch de Vogüé nimmt für ihre Abfassung das 7. oder 8. vorchristliche Jahrhundert in Anspruch.

6. Das a. a. O. Nr. 2 veröffentlichte Siegel hat als Inschrift

למרבר

(„Siegel des) Marbar." S. das Nähere a. a. O. S. 27. Herr Rawlinson hat a. a. O. XI die Inschrift des gedachten Siegels gelesen לְמַדְבַּר, das er mit dem arabischen „Medabbir" d. h. „a Governor" or „Director" vergleicht. Es brauchte, um diese Bedeutung zu gewinnen, das näher liegende aramäische דְּבַר verglichen zu werden. Es ist immerhin möglich, dass der Besitzer des Siegels M'dabar geheissen habe, denn graphisch ist gegen solche Lesung nichts Erhebliches einzuwenden.

7. Ein Cylinder des britischen Museums, den wir a. a. O (Nr. 3, s. S. 28) veröffentlicht haben, giebt de Vogüé (a. a. O. Nr. 25) in besser geordneter Reihenfolge[1]), und zwar (s. unsere Taf. I, Nr. 2)[2])

ירפאל בר הרעדד

„Jarpaël Sohn des Hora'dad."

Der erste der Namen wird von de Vogüé erklärt sanavit El, also eine Imperfect-Bildung = רְפָאל „Raphael". Vergl. Jos. 18, 27, Name einer benjaminitischen Stadt. Da indessen die Wurzel רפא sanare im Aramäischen nicht vorkommt, so liesse sich auch vielleicht die Bedeutung „El destitit" (als Aphel von רְפִי) annehmen. Der zweite Name Hora'dad „Horus firmavit (?)" bezeichnet de Vogüé selbst mit einem Fragezeichen. Eine ungezwungene Erklärung aus dem Aramäischen ist allerdings nicht leicht zu finden. Ueberhaupt ist uns von der Verehrung des Gottes Horus bei Assyrern und Babyloniern sonst nichts bekannt. Nach der

---

[1]) Als uns im Jahre 1855 ein Siegelabdruck zukam in 3 Stücke getheilt, bezeichnet nach der Reihenfolge, wie wir ihn abzeichnen liessen, konnten wir keinen andern Sinn herausbringen. Hätte uns derselbe in einem Stücke vorgelegen, so würden wir gewiss ganz anders verfahren haben.

[2]) Wir geben daher den Abdruck des Siegels, das uns in Schwefelabguss durch die Güte des Herrn Birch zugekommen ist, genau nach dem Original nochmals wieder.

Legende in Nr. 5 haben wir allerdings ein anderes Beispiel von דֹּר (Horus), wahrscheinlich eine Gottheit, ebenso weiterhin Nr. 21, Rawlinson (a. a. O. p. 229 fg.) führt aus der Keilschrift-Literatur Manches über Horus an, über das wir uns kein Urtheil anmaassen wollen. Wenn auch sonst alle Berichte über die Verehrung des Horus bei Assyrern und Babyloniern schweigen, so ist dies kein Grund eine solche Gottheit bei jenen Völkern zu leugnen.

8. Eine Gemme assyrischen Ursprungs mit der Inschrift

לפלתחרן

haben wir in Abbildung gegeben a. a. O. Nr. 7. S. daselbst die Erklärung S. 33.

9. Eine Inschrift aus einem Siegel des kaiserlichen pariser Cabinets (Musée du Louvre):

לכסראל

haben wir a. a. O. Nr. 6 gegeben ohne Abbild, wir theilen hier den vollständigen Siegelabdruck in unserer Lithographie (s. Taf. I, Nr. 3) mit. Für die Deutung der Inschrift verweisen wir auf uns. phön. Stud. II, S. 32.

10. Ein weisslicher Agat mit dem Bilde einer Kuh, die ihr Junges säugt, hat die Inschrift:

לעזי

„(Siegel des) Ussi" (s. phön. Stud. a. a. O. Taf. Nr. 9 und S. 35[1]). Wir möchten diese Gemme jetzt entschieden zu den aramäischen rechnen. Das Bild ist offenbar assyrischen Ursprungs, das auch auf kleinasiatischen Goldstatern alter Zeit nachgeahmt wurde, gerade wie es sich auch auf andern ninivitischen Siegeln findet (s. Layard Monum. of Ninive, II ser. pl. 69, Nr. 28). S. über dieses Symbol die angeführten Schriftsteller, phön. Stud. II, S. 35. Anm. 1, und J. Brandis, Art. Assyria in Pauly's Encycl. II. Aufl. S. 1907. Ein ähnlicher Name findet sich auf phön. Siegeln, s. weiter unten, aber עזא geschrieben. Ein jüngeres aram. Siegel (s. Nr. 26) bietet uns den Namen עזרה.

11. Aus der Sammlung des Louvre rührt ein Scarabäus her, in den Ruinen von Ninive von Victor Place gefunden „au milieu d'un dépôt considérable d'amulettes de toutes espèces enfoui sous les Fondations d'une des portes du palais du Khorsabad. Le taureau ailé qui recouvrait ce

---

[1] Der Besitzer des Siegels war zur Zeit Lajard's, als er 1837 „le culte de Venus" und den Anhang 1849 „tableau et planches" herausgab, nicht bekannt.

dépôt étant du **roi Sargon**, notre cachet a été gravé au plus tard dans les dernières années du VIII. ciécle."[1] Wir geben das Abbild **nach dem** genannten Gelehrten (s. **unsere Taf. I, Nr. 4**), mit dem wir auch

רבחי

lesen. **Dass dies ein Nom.** propr. sei, ist wahrscheinlich, obgleich das besitzanzeigende **ל** zu Anfange des Wortes fehlt[2]. Die **Bedeutung des Wortes nach** dem Aramäischen anzugeben hält schwer, da in dieser Sprache, wohin uns die **Schriftzüge führen,** רפא „heilen" nicht nachzuweisen ist, wie bereits oben zu Nr. 7 bemerkt worden ist. Herr de Vogüé weiss auch für die Annahme eines Nom. pr. = „sanatio mea" nichts Näheres anzugeben. Es liesse sich zur Noth auch vom Stamme רפי eine passende Bedeutung herleiten.

12. Aramäischen **Ursprungs scheint auch** die Gemme zu sein, welche wir phön. **Stud. und a. a. O. Nr. 11** (vgl. S. 37) mitgetheilt haben. Wir lesen die **Inschrift** להודי כפר in Ermangelung eines Bessern; können uns aber heutigen Tages nicht mehr damit befriedigen. Wir möchten zweifeln, ob die Abschrift ganz sicher sei. Es ist uns bis jetzt nicht gelungen den Besitzer dieser Gemme zu erfahren[3].

13. Nach den Culturländern des **Euphrat** gehört sicherlich auch die Gemme[4] mit der Inschrift

לעתדעזו

welche wir a. a. O. Nr. 12 gegeben haben. Das **Nähere zur Erklärung** findet sich das. S. 38 fg. Für die Form des Sain haben wir jetzt noch weitere Belege, vgl. z. B. weiter unten לזים II, Nr. 3.

14. Ein von **Oppert** in Babylon erworbenes **Siegel, das de Long-périer** zuerst (journal asiatique 1855, **II,** S. 426) bekannt gemacht hat, trägt die Inschrift עבדמלך „Abdmelech" (s. uns. **Taf. I, Nr. 5**). Das

---

[1] S. de Vogüé a. a. O. Nr. 26.

[2] Im Verlaufe' dieser Abhandlung werden wir noch andere Fälle kennen lernen, wo der Besitz auf Siegeln nicht, wie gewöhnlich, durch ein vorangesetztes ל angezeigt ist.

[3] Lajard, der eine Abbildung giebt (culte de Mithra Pl. 36 Nr. 3), nennt das britische Museum (wenn ich nicht sehr irre, das Buch ist mir jetzt nicht zur Hand) als Besitzer; das ist aber nicht der Fall. Vor längeren Jahren habe ich auch einmal eine Copie der Inschrift bei Herrn Rawlinson gesehen, entsinne mich aber nicht, woher dessen Copie stammt.

[4] Sie ist nach Layard (Niniveh and Babylon p. 155) im Palaste zu Kujonjik, für dessen Erbauer er Sanherib hält, neben vielen andern Siegeln aufgefunden worden.

Nähere über die abgebildeten Figuren findet sich von dem kenntniss-
reichen Anchäologen a. a. O. verzeichnet. Das Wort bedarf keiner
weitern Erklärung.

15. Ein Scarabäus aus Syrien herstammend in der Sammlung von
de Luynes, jetzt im Musée du Louvre, hat die Inschrift:

כרוּי

(s. uns. Taf. I, Nr. 6). Die Bedeutung dieses Wortes, wenn man es als
Nom. prop. nimmt, könnte von der aramäischen Wurzel כרז abgeleitet,
„der Herold" bedeuten. Diese Wurzel hat die merkwürdigste Ver-
breitung gefunden, sowohl die semitischen, wie arischen Sprachen treffen
hier zusammen, vgl. Gesenius thesaur. s. v. Es ist nach unserer Inschrift
aber sehr zweifelhaft ob man das Verb. כרז von κηρύσσω abzuleiten
berechtigt ist. Herr de Vogüé, der diese Gemme ebenfalls bespricht
(a. a. O. Nr. 27), bemerkt daher mit Recht: Notre pierre gravée,
par les caractères paléographiques de la légende, appartient au VII. ou
au VIII. siècle avant notre ère, et nous prouve l'emploie de la racine
כרז à une époque antérieure non-seulement à Daniel [1]), mais à toute
intervention de la Grèce dans les affaires araméennes." Wir möchten
aber noch einen Schritt weiter gehen und die Vermuthung aussprechen:
כרוי sei die ältere Form für das spätere biblische כרוז (כרוזא) und bedeute geradezu κῆρυξ, im Sinne älterer Zeiten, in denen der praeco
als Gesandter betrachtet wurde und die praecones einen achtungs-
vollen Stand ausmachten, die ihre Herkunft von Hermes ableiteten;
daher auch die κήρυκες bei Homer Διὸς ἄγγελοι, Διὶ φίλοι genannt
wurden. Ihr Stab war das Attribut ihrer Unverletzlichkeit (κηρυκεῖον,
caduceus). Einen Stab, freilich verschieden geformt von dem caduceus,
den man so häufig auf Münzen der Griechen und Römer und der ihnen
nachahmenden Völker sieht, erblicken wir auch in der Hand der Figur
auf unserer Gemme, und nicht selten auf andern mit semitischen Inschriften [2]). Zum Theil mag diese Eigenthümlichkeit in den Sitten der

---

[1]) Nach unserer Ansicht über die Abfassung des Buches Daniel zur Zeit der
Makkabäer würde gerade dies kein frühes Zeugniss für den Gebrauch der Wurzel
כרז sein. Ist indessen auch die Redaction des bibl. Buches ziemlich spät, so
haben doch alte Quellen demselben zu Grunde gelegen. Ueberhaupt lässt sich
in vielen Fällen nicht mit Bestimmtheit angeben, wann eine Wurzel zuerst in
Gebrauch kam, wenn sie auch relativ spät in der Literatur auftaucht.

[2]) Siehe die lithographirten Tafeln, die zu unserer Arbeit gehören; hier
finden sich viele Beispiele von Personen, die einen Stab in der Hand haben.

Assyrer gelegen haben, von denen Strabo (XVI, 746) meldet: „φορούσι καὶ σκῆπτρον οὐ λιτόν, ἀλλ' ἐπίσημον, ἔχον ἐπάνω μῆλον ἢ ῥόδον ἢ κρίνον ἤ τι τοιοῦτον.“ Anderntheils dürfte man in manchen Fällen in ihm das Zeichen der Unverletzlichkeit finden. Ein solcher Gesandter trug denn auch als Zeichen seiner Beglaubigung neben schriftlichen Dokumenten sein Siegel für seine Würde.

Diese Betrachtung führt uns aber noch einen Schritt weiter. Wir möchten dies Wort und seine Bedeutung in dem phönizischen כרסי wiederfinden, das uns in der neuerdings von de Vogüé herausgegebenen Citischen Inschriften[1]) entgegentritt und das noch keine genügende Erklärung gefunden hat. Es heisst dort in der 37. Cit. Inschr. (vgl. Mélanges d'archéologie orientale par le comte de Vogüé, Paris 1868, p. 4) lin. 3 und 5, das erste Mal מלך הכרסים, das andere מלך כרכים, als Attribut, das einem gewissen Reschephiathon, der eine Statue geweiht und errichtet hat, beigelegt wird. De Vogüé erklärt das כרסים als Dual von כרסא = hebr. כסא „siége, trône, tribunal.“ „Il faut donc traduire,“ heisst es a. a. O. p. 9, „le groupe qui nous occupe par inter-nonce des deux trônes, en supposant qu'il s'agisse d'une sorte de fonction diplomatique concernant les relations de la cour de Citium et de l'empire de Perse, ou plutôt interprète des deux tribuneaux, en l'appliquant à une fonction locale, nécessitée par la diversité des langues qui se parlaient dant l'ile de Cypre et· correspondant à l'Ἑρμηνευτής des inscriptions grecques.“ Es ist uns nicht wahrscheinlich, dass diese Bedeutung in dem מלך הכרסים liegen sollte. Wenn das Phönizische so nahe dem Hebräischen steht, wie dies doch nun nicht mehr zu bezweifeln ist, warum sollte jene Sprache vom Aramäischen ein Wort entlehnen, das das Hebräische in der kürzeren Form und ohne Zweifel als altes Sprachgut כסא hat. Auch will es uns nicht einleuchten, wesshalb das Jod in כרסים sich erhalten habe, während es in der folgenden Inschrift וארומא שנם (li. 3, p. 14) fehlt. Man mag in dem ארום irgend ein Geräth sehen, so ist das א doch nur die Pronominalendung der dritten Person und das שנם kann dann nichts anderes sein als das Zahlwort zwei, wie die dabei stehenden zwei Striche deutlich genug angeben.

Vgl. auch die Gemme von Abibaal bei de Luynes weiter unten II, No. 1 und unsere phön. Stud. II, No. 17.

[1]) S. journal asiatique 1867, II. Band. Wir citiren nach dem Separatabdruck, welcher unter dem weiter im Text angeführten Titel erschienen ist.

Nach unserer Ansicht aber ist ברקי das Amt des Gesandten und מלץ הכרפים ist der Dolmetsch der Gesandten, der bei Verhandlungen mit fremden Völkern zugezogen wurde[1]).

Mit unserer Gemmeninschrift bringen wir sogleich die einer andern in Verbindung.

16. Ein **Cylinder des** britischen Museums (Chalcedonstein), etwas beschädigt am Rande, hat längs der in Anbetung stehenden männlichen Figur die Inschrift (s. Taf. 1, No. 7):

לבכלוד(?)שמש

Herr de Vogüé hat denselben Stein abgebildet a. a. O. No. 31, aber seine Copie differirt mit der meinigen im zweiten Buchstaben. Dieser ist nach dem mir vorliegenden Siegelabdruck offenbar ein Kaph und kein Phe. **Nach seiner** Lesung sicht er in dem Worte לבכלודשמש ein Nom. prop.

Wir glauben in der ersten Hälfte בלוי das vorher besprochene ברוי wieder zu sehen; der Wechsel von ל und ר wird keinen Anstoss erregen, findet sich doch das **Verb.** בלן (s. Gesenius thesaurus s. v. כרן) = כרן im Zabischen. Der darauf folgende Buchstabe kann nur ein ד oder ר sein (als Waw-Form ist die Figur im aramäischen Schrifttypus nicht nachweisbar); die drei folgenden sind שמש. Dies kann eben so wohl שֶׁמֶשׁ Sonne, als auch שַׁמָּשׁ (im Aramäischen) servus, minister bedeuten. Wenn sich nun bei den Assyrern und Babyloniern ein Amt der κήρυκες, wie bei den Griechen älterer Zeit nachweisen liesse, indem jene den Königen beim Opfern zur Hand waren und verschiedene Dienstleistungen bei der Ceremonie verrichteten[2]), so kann man לבכלודשמש etwa übersetzen: „praeconi ministri," das ר wäre dann das relativum, das freilich in älterer Zeit nur durch וי ausgedrückt wird. Nimmt man aber שמש Schamasch, als den Sonnengott der Assyrer (s. J. Brandis a. a. O. S. 1909), so müsste der κήρυξ unmittelbar mit diesem in irgend einer gottesdienstlichen Hand-

---

[1]) Es ist immerhin **möglich, dass** speciell bei den Verhandlungen mit den Gesandten des Grosskönigs von Persien, zu dem die in der Citischen Inschrift genannten Könige in naher Beziehung standen, die Dolmetscher ganz besonders **für die** persischen Gesandten gebraucht wurden. Das Wort war, **wenn** man den Anführungen bei Gesenius a. a. O. trauen darf, bei den **Persern** heimisch.

[2]) S. Schoemann: griechische Alterthümer, 2. Aufl. I. S. 446.

lung in Verbindung gestanden haben. Dies Alles zusammengenommen, mag unsere Deutung einstweilen als Hypothese gelten, bis eine bessere Erklärung an ihre Stelle tritt.

17. Ein Scarabäus (Lapis lazuli) des britischen Museums, nach den symbolischen Figuren zu urtheilen, offenbar assyrisch-babylonischer Herkunft, hat die Inschrift:

לסעל׳

(s. uns. Taf. I, Nr. 8), gewiss der Name des Besitzers dieses Siegels. Ob dies Wort verwandt mit dem hebräischen שׁאוּל sei, wie Rawlinson (a. a. O. Nr. XIII), der nur die Inschrift ohne die Figuren giebt, meint, müssen wir bezweifeln. Eher liesse sich die in dem Nom. pr. vorhandene Wurzel סעל mit סער einem im Aramäischen an Bedeutungen reichen Stamm (s. d. Wbb.) vergleichen.

18. M. de Vogüé a. a. O. führt unter Nr. 15 auf: „Empreinte communiquée par M. le duc de Luynes: provenance inconnue. Chameau passant à droite." Es ist dies aber dieselbe Gemme, welche schon Gesenius mon. Tab. 31 No. LXVIII veröffentlicht hat, und zwar aus dem Cabinet von Haag: „Cornalinus Musei Regii Hagani in scarabaei formam effictus (ut propterea probabiliter Aegyptiacae originis), camelum gradientem repraesentans sex litteris Phoeniciis cinctum etc." Dazu bemerkt bereits de Luynes: Numismatique des Satrapies etc. p. 106, dass die Abschrift von Gesenius ungenau und die richtige Lesung לשׁראחד sei. Wir haben es also mit der alten Gemme von Gesenius hier zu thun, deren richtige Copie die nach de Luynes von de Vogüé a. a. O. (s. bei uns Taf. I, No. 9) gegeben ist. Wir möchten nun die Inschrift für aramäisch halten und lesen:

למראחד

„(Siegel des) Marachad" d. i. Dominus (est) unus oder unicus.

Auch Rawlinson a. a. O. No. XVIII, p. 242 hält das Siegel, dessen Inschrift er übrigens nach der falschen von Gesenius wiedergiebt, für ein assyrisches. Die Deutung, weil nach der Lesung von כראסד, können wir übergehen.

19. Ein Scarabäus des britischen Museums, ein Jaspis, hat über dem Löwen (s. Taf. I, No. 10)

עשׁנאל

„Aschenél" (El stärkt). Man kann auch statt des verb. עָשַׁן oder עֲשַׁן im Pael עַשֵּׁן stärken, auch das Nom. עֹשֶׁן in den 3 ersten Buch-

staben des Wortes suchen. Jedenfalls liegt es sehr nahe die genannte
aramäische Wurzel in dem Namen עִשְׂנָאל zu sehen, als mit de Vogüé,
welcher dies Siegel unter die phönizischen setzt (s. a. a. O. No. 8), zu
übersetzen „A'shenel, ira Dei“, da עֲשַׁן als Nomen im Hebräischen stets
im concreten Sinne „Rauch“ gebraucht wird. Auch dürfte man wohl
einen Menschen schwerlich „ira Dei“ genannt haben. Der Styl des
Siegels weist auch eher auf assyrischen Ursprung hin und der Löwe ist
ein passendes Symbol für „Stärke El's.“ Unwillkürlich wird man an
das biblische עִתְנִיאֵל, für das man noch keine passende Etymologie gefunden, durch unser עִשְׂנָאל erinnert. Möglich, dass die Wurzel עתן
zu עשן sich erweicht hat; ein Wechsel von שׁ des Hebräischen zum
ת des Chaldäischen ist allerdings häufiger als der umgekehrte Fall. Indessen weiss man ja ohnehin kaum anzugeben, welcher Landsmann der
alte Richter Othniel war.

20. Der Aehnlichkeit des Bildes wegen möchten wir auch dem Sca-
rabeus (Agat-Stein) des britischen Museums, mit der Inschrift (s. Taf. I
Nr. 11): לאחמה
hierher rechnen. Dies Siegel ist auch von de Vogüé a. a. O. Nr. 9
unter den phönizischen und von Rawlinson a. a. O. Nr. XIV aufgeführt.
Der Deutung Rawlinsons „mothers brother“ scheint sich auch de
Vogüé anzuschliessen. Was uns zunächst abhält das Wort für phönizisch
zu halten, ist die Endung ה, welche uns bisher auf keinem ächt phönizischen Worte (מנה ist ein übertragenes) vorgekommen ist. Wenn man
der Ansicht Röth's (die Proklamation des Amasis p. 95 — 97, vgl. auch
Heidelberger Jahrbücher 1856, S. 20) folgen dürfte, so wäre „Achme“
ägyptisch = „Mondlieb;“ ich habe mir aber von tüchtigen Aegyptologen
sagen lassen, dass die Form אחמה nicht ägyptisch sei. Sollte man bei
unserm Worte nicht eher die Deutung zulassen „Freund, Verehrer der
Ma“ = אֲהֵה(?) מה, nach Analogie so vieler Eigennamen, welche mit אח (im
Phönizischen sogar verkürzt zu ח, s. uns. phön. Wb. s. v. חמלכת) zu-
sammengesetzt sind? Der Cultus der Ma war in Kleinasien ein weitver-
breiteter, besonders bei den Völkern, welche die Alten zu den Syrern
zählen. (Vgl. Duncker: Geschichte des Alterthums I, 2. Aufl. S. 234 fg.)
Uebrigens ist unser Stein bereits von Lajard (le culte du Mithra, pl.
43, 8) veröffentlicht, wenn auch, wie häufig bei ihm, die semitische Legende nicht genau ist. Daselbst findet sich auch (pl. 36, 1) eine andere
Gemme mit der Inschrift למה, die, wenn sie genau ist, sich ähnlich
wie die von אחמה deuten lässt.

21. Ein Siegel des britischen Museums von assyrisch-babylonischer Herkunft [1]) trägt die Inschrift (s. auf Taf. I Nr. 12)

הרתבל

(nicht wie Rawlinson liest הַרְתַּבֵל), d. h. „Hor ist die Zuversicht, das Vertrauen."

In הר ist oben (Nr. 5 und 7) schon Horus, eine Gottheit vermuthet worden, und תְכִיל ist aramäisch, vgl. im Syrischen תַּבִילוּתָא Targ. Ps. 16, 9. entsprechend dem Hebräischen לְבֶטַח fiducia.

Auch M. de Vogüé hat das Bild des Siegels, doch die Inschrift ganz anders, er liest sie הַרְהֹי. Offenbar muss der Siegelabdruck ungenau gewesen sein. Bemerkenswerth ist in unserer Inschrift die Schriftform des He, die etwas mehr cursiv als die oben in dem Siegel Nr. 3 ist, jedoch diese als Grundlage hat. Wir finden diese He-Form erst spärlich wieder auf karthagischen Goldmünzen (vgl. L. Müller: Numusmatique de l'ancienne Afrique II, S. 84 Nr. 46) und dann öfter auf neuphönizischen Inschriften.

22. Ein Siegel im britischen Museums mit der Inschrift

לתמכאל בר מלכם

haben wir bereits phön. Stud. II, Nr. 5 (S. 31) des Weitern erklärt. Es gehört der Schrift nach schon in die spätere assyrisch-babylonische, vielleicht schon in die Achämenidenzeit, da die Buchstaben die meiste Aehnlichkeit mit cilicischen Münzlegenden haben, die unter der Herrschaft persischer Könige geprägt worden. Auch giebt sich schon in dem Worte בר eine Neigung zur Ligatur kund. Dies Wort steht indessen zu deutlich ausgeprägt, als dass man mit Rawlinson (a.a.O. Nr. VIII) בן lesen könnte. In der Erklärung S. 236 liest er selbst בר, obgleich er meint „the seal ..... is of the Phoenician, or perhaps Arabian, rather than the Assyrian type." Seiner Erklärung Tamakil means probably „God blesses" or „blest of God" vermögen wir nicht beizustimmen. Merkwürdigerweise ist die Wurzel תמך („El stützt") nicht sonst im Aramäischen nachzuweisen, während das Hebräische sie kennt, und doch können die Namen einer Legende, die deutlich בר hat, zunächst nur nach dem Ara-

---

[1]) Rawlinson a. a. O. S. 226, Nr. IV hat auch die Inschrift (nicht ganz correct, ohne Abbild) und bemerkt über diesen Cylinder, dass er ihn in Bagdad gesehen habe. Unsere Zeichnung ist nach einem Siegelabdruck des britischen Museums gefertigt; das Siegel muss also inzwischen von dem britischen Museum erworben worden sein.

mäischen erklärt werden, und finden auch in der Regel hier ihre Erklärung. Ist dies, wie hier, nicht der Fall, so muss an eine Einwanderung
eines Kanaaniters, der sich im chaldäischen Lande naturalisirt hat, ge-
dacht werden.

23. Wir entlehnen das folgende Siegel der Abhandlung von de
Vogüé, der es der Sammlung des Herrn Pérétié verdankt. „Agate
blanche bombée, provenant de Beyrouth." Zur Seite der Figur rechts
findet sich die Inschrift (s. Taf. I, Nr. 13), welche de Vogüé liest:

לְאֶחְלְכֹד

d. h. „A Akhileked." Er meint jedoch, der letzte Buchstabe sei nicht
ganz sicher; wenn aber, so könnte der Name „frater capturae" bedeuten,
nach Analogie anderer biblischer Namen, welche mit אֵח (אָחִי) zusammen-
gesetzt sind. Uns sagt diese Erklärung nicht sehr zu, doch wissen wir
nichts Besseres, selbst wenn wir, was uns wahrscheinlicher scheint,
לְאֶחְלֵכִי lesen möchten. Man kann mannigfache Hypothesen über den
Sinn von לְכִי aufstellen, wenn man אֵח in dem angedeuteten Sinne auffasst.

24. Der Schrift und dem Bilde nach scheint auch das Siegel hierher zu gehören, welches Renan (mission de Phénicie p. 144) veröffentlicht hat. Die Inschrift (s. uns. Taf. I, Nr. 14) lautet

לְהֵגְמִי

das הֵגְמִי möchte wohl = dem biblischen בֶּן הֵגֵם sein. Das Siegel mag
etwa aus dem fünften vorchristlichen Jahrhundert herkommen.

25. Ein Cylinder des britischen Museums, einen Reiter darstellend, der vom Pferde gestiegen, um einen Eber zu tödten, hat über dem
Pferde die Inschrift (s. Taf. I, Nr. 15):

פְנוּךְ

Das dritte Zeichen, welches unzweifelhaft ein Sain ist, giebt uns zugleich
einen Fingerzeig, dass wir das Siegel erst in das persische Zeitalter zu setzen
haben; die Formen sind überhaupt ähnlich denen der cilicischen Münzen,
über welche zu vergleichen ist Waddington: Mélanges de numismatique et de philologie. Paris 1861.

Die Endung ך weist ebenfalls dem Worte eine Etymologie aus dem
Persischen zu; doch habe ich keine passende finden können, auch litera-
rische Freunde, die ich zu Rathe zog, wussten keine Auskunft zu geben.

26. Ein Scarabäus Lapislazuli aus dem Cabinet de Louvre,
ehemals der Sammlung de Luynes' angehörig, hat die Inschrift (s. uns.
Taf. I, Nr. 16): לְעֻזָּה

ein Name, der verwandt mit dem oben **Nr.** 10 angeführten עזי und dem weiterhin zu nennenden עזא **II**, Nr. 7 ist. Der Form des Sain wegen, die sich nicht im Phönizischen nachweisen lässt, müssen wir den **Stein** zu den aramäischen rechnen. Auch **er gehört, wie der vorhergehende**, der persischen Epoche an. M. de Vogüé hat **diesen** Scarabäus unter den Phönizischen aufgezählt (Nr. 16), er liest nach seinem **Abdruck** לְעֻזְר; wir finden die Inschrift allerdings sehr undeutlich, **doch scheint uns unsere Lesung wohl** mehr berechtigt **zu sein.**

27. In die persische **Zeit möchte auch das Siegel gehören, das wir** nach Blau phön. Stud. Nr. 13 veröffentlicht haben und das wir jetzt in Rücksicht auf oben Nr. 7 lesen **würden:**

שמשעדרי

28. Desgleichen die Gemme, welche Herr Mordtmann in ZDMG. **XIV,** 556 bekannt gemacht hat. Ob man mit diesem Gelehrten תרתן lesen dürfe, lassen wir dahingestellt. Siegelinschrift und die etwas ver- **grösserte** Umschrift stimmen nicht ganz überein, so dass weitere Vermuthun- gen über eine nicht ganz sichere **Copie zu wagen** nicht gerathen scheint.

29. Auch in die persische Zeit gehört das Siegel das Herr Blau in der ZDMG. XVIII, 299 zuerst veröffentlicht hat. Dieser Gelehrte liest מתרצתו שמר ונכם. Wir wagen nur die Vermuthung der erste Name sei zu lesen:

מתרצתר

nach **Analogie** anderer persischen Namen mit dieser Endung שתר=צתר (s. unsere Abhandlung ZDMG. **XXI,** 427) und weil graphisch das letzte Zeichen eher **ein** ר (oder ד), als ein ו ist. Für das Uebrige haben wir bis jetzt kein **genügendes** Verständniss.

30. Endlich scheint auch der Achämenidenzeit ein Sardonyx anzu- gehören mit der Inschrift

מסדי oder מודי

über welches wir phön. Stud. II, S. 40 das Nähere gegeben haben. Wir haben jedoch Anstand genommen dies Denkmal ausführlicher hier zu be- sprechen, bis uns der Ort bekannt geworden, wo dasselbe aufbewahrt wird. Erst wenn Näheres über die Beschaffenheit des Steines und der Kunst bekannt geworden, lässt sich vielleicht Gewisseres angeben.[1]

---

[1] Das **Siegel** des **Wiener** Cabinets (s. phön. **Stud.** II. S. 111) haben wir nicht mit aufgezählt, weil **uns Zweifel** über die Schriftart aufgestossen sind, über welche wir **uns an einem andern** Orte weiter auszusprechen gedenken.

Wir reihen an die vorangehenden Siegel noch einige andere, welche sich bereits dem Schrifttypus der aramäisch-ägyptischen Monumente nähern und die jedenfalls nicht früher als in das V. und IV. Jahrhundert vor Christo zu setzen sind.[1])

31. Ein Cylinder des britischen Museums, den wir bereits phön. Stud. II, p. 40 nach Layard's und Lajard's Abzeichnung gegeben, zeigt sich bei genauer Ansicht des Siegels doch nicht genau in der Wiedergabe der Inschrift. Diese ist schon richtiger bei Rawlinson[2]) a. a. O. Nr. X, doch ganz genau bei de Vogüé (a. a. O. S. 129). Sie lautet:

חתם

פרשנדת

בר

ארתדת

„Siegel Parschandat, Sohnes des Artadat." De Vogüé zeigt, dass das letzte Zeichen bei Rawlinson zur Figur des Greifen gehört.

32. Noch deutlicher zeigt den genannten Schrifttypus ein Siegel, welches M. de Vogüé nach einem Abdruck von dem Duc de Luynes a. a. O. Nr. 33 mitgetheilt hat und das wir hier wiedergeben (s. Taf. I. Nr. 17). Herr de Vogüé beschreibt den Stein: „deux têtes de bélier affrontées: dessous trois poissons. Le style des figures gravées est inspiré de l'art grec." Er liest:

חתם נרגש בר שרש

„Sceau de Nergasch fils de Sheresh."

Er hält das Siegel nicht älter als aus dem V. oder gar IV. vorchristl. Jahrhundert. Auch den Schrifttypus sieht er als ähnlich dem der vorangehenden Legende an. In diesen Punkten stimmen wir dem gelehrten Archäologen bei, nicht aber in der Lesung der Inschrift. Für diese wird nichts zur Erklärung hinzugefügt und doch bedarf diese gar sehr derselben. Der Name שרש lässt sich aus dem Aramäischen wohl leicht erklären, weil dies Wort diesem Dialekte nicht fremd ist, ja sogar in der Bibel ein Nom. pr. שֶׁרֶשׁ 1 Chr. 7, 11 sich findet, aber nicht so der erste Name נרגש. Wenn man jedoch dem aramäisch-ägyptischen

---

[1]) Vgl. de Vogüé a. a. O. p. 130.

[2]) Danach lässt sich nur Rawlinson's Lesung billigen. Ich habe diese Entzifferung sogleich adoptirt, s. Geigers jüdische Zeitschrift für Wissenschaft und Leben III. S. 230 und ZDMG. XXI, 444.

Typus genauer Rechnung trägt, so wird man unserer Lesung vielleicht eher zustimmen. Wir lesen:

חתם דרגש בר שמש

„Siegel Dargasch, Sohnes Schemesch."

Der erste Name hat die Bedeutung „lectus;" besonders ist hervorzuheben eine Erklärung im Thalm. babyl. Nedar. 56 a und b in Bezug auf unser Wort, es bedeute so viel als ערכא דגדא „lectus fortunae." Dass aber ein Mann diesen Namen führen konnte, ist nach Analogie anderer biblischen Namen nicht unmöglich, vgl. z. B. אֹהֶל 1 Chr. 3, 20.

יְרִיעוֹת 1 Chr. 2, 18 (Frauenname). יַלְמָא 1 Chr. 2, 51. 54. שַׂמְלָה 1 Mos. 36, 36 und dgl. — Das מ in שַׂמְשׁ findet sich ähnlich geformt in der Inschrift des Serapeum's; allerdings variirt es von dem ersten מ in חתם, allein solche Erscheinungen, dass ein Buchstabe in ein und derselben Inschrift verschieden sich gestaltet, ist nicht selten in semitischen Inschriften. Nähme man das fragliche Zeichen als ר, so weicht seine Form nicht minder von den andern Resch der Inschrift ab.

33. Auch das Siegel bei de Vogüé (a. a. Nr. 28) „Scarabéoïde de calcédoine, collection de M. Pérétié: trouvée à Beyrouth" gehört hierher. Wir entlehnen auch dieses kleine Monument der Sammlung von de Vogüé (s. unsere Tafel I, Nr. 18), weil es in mehr als einer Beziehung von Interesse ist. Der genannte Gelehrte beschreibt es folgendermassen:

Dieu solaire syrien, Belsamin ou Hadad, en costume assyrien, une fleur à la main au milieu d'un cercle, surmonté du disque ailé d'imitation ègyptienne. Dessous, un grand croissant porté par deux lions, symbole de la Déesse syrienne Atérgatis ou toute autre (Cf. Macrobe, Sat. 1, 23), dont le caractère à la fois lunaire et tellurique est indiqué par le croissant et par les lions qui jouent ici le rôle des lions (voyez ci-dessus p. 47 et 64) qui porte la figure de la Mère des Dieux, Rhéa-Cybèle. Ces trois groupes constituent une sorte de triade formée du dieu suprême représenté par le disque ailé, et de ses deux puissances composantes, l'une solaire et mâle, l'autre lunaire et femelle."

Wir wollen diese sinnreiche Erklärung hier nicht weiter erörtern und uns zur Inschrift wenden. Diese findet Herr de Vogüé sehr schwer zu lesen. Der mittlere Buchstabe zur Linken ist ihm ganz fremd, er dürfte für ein ק gelten, so dass man lese תקף, das freilich keinen Sinn giebt und das etwa aus Missverständniss des Steinschneiders für חקת „inculpsi" stände. Das Wort zur rechten Seite liest er נהם

„Nahum," dies wäre der Name des Künstlers, welcher den Stein ge-
schnitten.

Diese Erklärung scheint uns ganz ungeeignet und hat wohl auch
den Verfasser selbst nicht befriedigt. — Wir versuchen eine andere
Deutung.

Wir sehen in den zwei Inschriften zur rechten und linken Seite
zwei verschiedene Schriftarten, und zwar in dieser die himjarische,
in jener aber die aramäische oder genauer aramäisch-ägyptische.
Die drei Buchstaben zur linken sind so deutlich ausgeprägt und haben
mit den bisher behandelten so gar keine Aehnlichkeit, besonders der
mittlere Buchstabe, dass man es aufgeben muss sie aus dem aramäischen
Schrifttypus zu deuten. Dagegen ist nach dem himjarischen Alphabet
der erste (von links nach rechts gelesen) ein ‎ר‎, der zweite ‎ה‎ und der
dritte ‎ת‎[1]), das giebt ‎רהת‎. Die Zeichen zur rechten Seite ergeben von
links nach rechts gelesen: ‎ר‎, es folgt ‎ה‎ (man muss freilich die etwas
getrennt scheinenden Zeichen als eins nehmen und dies kann nichts
anderes als ‎ה‎ in der aramäisch-ägyptischen Schriftform sein.[2]) Die
letzte Figur kann nur ‎ם‎ in derselben Schriftform sein, wie wir es,
dem ziemlich ähnlich, in der Inschrift des Serapeums finden. Dies giebt
zusammen ‎רהם‎. Es entsprechen sich also so ziemlich ‎רהת‎ und ‎רהם‎
und wir hätten demnach zum ersten Mal eine zweisprachige (himjarisch-
aramäische) Inschrift. Es dürfte uns diese Erscheinung nicht sehr be-
fremden, nachdem wir schon so viele Siegel mit himjarischen Inschriften
in den Ruinen von Assyrien und Babylonien, ja sogar eine ziemlich um-
fangreiche Inschrift in Warka angetroffen haben.[3]) Bei den Bezie-
hungen, welche die westasiatischen Culturländer in Kunst, Religion und
in Sprache (vgl. die Berührungen in der Abhandlung von Osiander a.
a. O.) zeigen, ist also die Erscheinung, wie sie unsere Gemme bietet,
sehr leicht erklärlich. Schwieriger dürfte die Deutung sein. Zwischen
‎רהת‎ und ‎רהם‎ ist eine äussere Aehnlichkeit gar nicht zu verkennen und

---

[1]) Nach dem Schrifttypus des Himjarischen, wie wir ihn auf assyrisch-
babylonischen Gemmen mit himjarischer Schrift gewöhnlich antreffen, s. weiter
unten Abschnitt IV.

[2]) Auch M. de Vogüé nimmt beide als eins, und so mag es auch vielleicht noch deutlicher im Original aussehen. Es nimmt uns nur Wunder, wie
dann der so geübte Paläograph ein He in ihnen sehen kann.

[3]) Vgl. ZDMG. XIX, Taf. 35. S. 290 fg. und weiter unten.

das ist jedenfalls der nächste Hinweis, dass wir nicht ganz fehlgegriffen haben. Ferner stimmen sprachlich ‏ר‏ und ‏ר‏, jenes das bekannte دٔ dieses das aramäische ‏ד׳‏ ganz gut; wenn man diese von dem Worte loslöst, weil ‏רהר‏ als Wurzel im Arabischen, aus welcher Sprache wir zunächst die Deutung versuchen müssen, nicht vorhanden ist. Dagegen ist ‏הר‏ = خَبِ nobilis und ‏רהר‏ etwa ein vir nobilis. Das aramäische ‏רהם‏ erscheint nur als lautlich sich annähernde Umschreibung des Himjarischen, so dass man diese Sprache als die Originalsprache des Siegel-Besitzers betrachten könnte, wenn man es nicht vorzieht in ‏הם‏ das syrische ‏הם׳‏. zu sehen, das „pius" und ungefähr dasselbe wie das himjarische bedeutet. Man mag sich indessen noch auf anderm Wege mit den zwei verschiedenen Inschriften zurechtfinden, das Eine steht wohl fest, dass die Inschrift zur linken nicht aramäisch oder phönizisch sondern nur himjarisch sein kann. Dass wir, um der andern Inschrift wegen, welche mit ‏ר‏ beginnt, die himjarische von links nach rechts gelesen haben, wird keinen Anstoss erregen, da bekanntlich auch diese Art der Lesung gestattet ist.

34. Von bereits vorhandenen Inschriften in dem erwähnten Schrifttypus betrachten wir als die älteste „in der Nähe der Pyramiden" gefunden, die von uns in phönizischen Stud. III, No. 7a veröffentlichte, die wir jetzt

‏לשׁוּעָא‏

‏בר שׁפֶן‏

lesen. Wir ziehen es nämlich vor, den dritten Buchstaben der ersten Zeile nach der Inschrift unten III No. 11 als Waw zu lesen. Ja man könnte sogar versucht werden, nach der Form dieses Buchstaben den Besitzer für einen Hebräer zu halten, der in Aegypten in früherer Zeit schon seinen Aufenthalt genommen.

35. Als die jüngste Inschrift unter den Siegeln mit aramäisch-ägyptischem Schrifttypus ist die bereits von Gesenius a. a. O. Taf. 29, No. LXXII gegebene mit der Inschrift

‏שׁמיׁי‏

schon wegen des kurzen Jod zu halten. Vgl. Gesenius a. a. O. p. 232 fg. Ob der Name vielleicht mit Smithis τὴν μεγίστην θεὰν Σμίθιν Corp. J. gr. No. 4835 zusammenhängt, mögen Andere entscheiden und besonders die angeführte Beschreibung des Monuments bei Gesenius vergleichen.

II.

Siegelsteine mit phönizischen Inschriften.

Da das phönizische Alphabet nach unserer Ansicht von dem aramäisch-babylonischen abzuleiten ist, so werden die ältesten Formen noch ganz identisch mit der Urschrift sich zeigen, da erst allmälig ein ganz specifischer Schrifttypus sich ausbildet, der dann im Laufe der Zeit sich immer mehr befestigt und von der Urquelle sich relativ weiter entfernt. Für die ältesten Denkmäler kann daher der Schriftzug allein nicht entscheiden, ob wir, wie bereits früher angedeutet, als den Besitzer eines Siegels — mit dieser Klasse von Denkmälern haben wir es allein hier zu thun — einen Phönizier (Canaanäer) oder Aramäer oder endlich Hebräer anzusehen haben. Hier sprechen Symbole, Sprache und zuweilen der Fundort für die eine oder andere Nationalität, wie dies schon früher erörtert worden ist. Dass bei dem einen und dem andern hier zu veröffentlichenden Monumente die Zutheilung an bestimmte Nationalitäten noch immer manchem Zweifel unterworfen bleibt, liegt auf der Hand und die Nachsicht bei der Bestimmung wird billigerweise nicht versagt werden können.

Von den ältern bereits früher bekannt gewordenen Denkmälern ist zunächst als eins der ältesten zu nennen:

1. Ein Sardonix im Cabinet zu Florenz mit der Inschrift:

לאביבעל

welche Duc de Luynes zuerst in seinem Essai sur les Satrapies etc. (pl. XIII, 1 cf. p. 69) veröffentlicht hat, könnte allerdings auch wohl aramäischen Ursprungs sein, da die Bedeutung „mein Vater ist Baal" im Aramäischen, wie im Phönizischen passend ist. Man möchte etwa in Bezug auf die Kunst, die von ägyptischer beeinflusst ist, mit de Luynes die Gemme phönizischen Ursprungs halten. Sie ist jedenfalls eine der ältesten Denkmäler. Ob aber unser Abibaal ein Zeitgenosse Salomo's war, können wir dahingestellt sein lassen.

2. Ein Scarabäus, jetzt im Besitze des Herrn de Vogüé, dessen Siegelabdruck ich Herrn Waddington verdanke, der den Agatstein in Aleppo erworben hat, gehört gewiss zu den ältesten phönizischen Denkmälern. Die Inschrift (S. Taf. II, Nr. 1) lautet

לשלם

die Beschreibung des Bildes giebt de Vogüé also: „Der Gott Thoth mit dem Ibiskopf hält eine Papyrusrolle in seiner Hand; ihm gegenüber der

Gott Chons das Scepter haltend mit dem Cucupha-Haupt. Zwischen beiden das ägyptische Lebenszeichen, darüber das phönizische Symbol der Sonne und des Mondes" (vgl. a. a. O. p. 106 fg.) Die Schriftform zeugt für ein sehr hohes Alter [1]) und man kann mit M. de Vogüé das achte vorchristliche Jahrhundert für dieses kleine Monument annehmen, wenn man noch hinzunimmt, dass der Styl vollständig ägyptisch ist und sich noch durchaus kein assyrischer Einfluss bemerklich macht. Wenn man nun auch dieses Moment allein nicht als entscheidend betrachten will, so ist es doch im Verein mit der Alterthümlichkeit der Schrift für ein sehr hohes Alter nicht ohne Bedeutung.

Die Erklärung des Namens ergiebt sich durch Nomm. propr. wie אשמנשלם Ath. 4., יבנשלם Cit. 38, so dass שלם (Schillem) [2]) als Verkürzung jener Composita zu betrachten ist.

3. Auch diese Gemme ist ägyptischen Stils, sie ist aus dem Cabinet des Duc de Luynes (jetzt im Louvre-Museum) und kommt aus Syrien her. Die Inschrift (s. Taf. II, Nr. 2):

לעזם
עבר עז־
רבעל

zeigt ebenfalls recht alterthümliche Züge. Das Sain findet sich ebenso auf einer andern Gemme (s. oben I, Nr. 12 und phön. Stud. II, S. 38) und kann daher dem Werthe nach nicht verkannt werden. In dem Namen עזם haben wir wiederum ein Beispiel der vermutheten Mimation, die wir auch bei andern phönizischen Eigennamen gefunden haben (Vgl. unsere Bemerkung ZDMG. XX, S. 230. Anm. 3). Der Stamm עזז muss bei den Phöniziern, so gut wie bei den Hebräern in Gebrauch gewesen sein, wie Zusammensetzungen z. B. עזבעל, עזמלך, bei fremden Schriftstellern s. Gesenius Mon. p. 401 fg. und alleinstehend neuerdings die Inschrift von Lapithos (de Vogüé: Mélanges p. 36) לענת עז חים „Anath, Kraft des Lebens" (vgl. Derenbourg: Notes épigraphiques et mélanges semitiques p. 37, note) beweisen. Daher kann עזם mit der Mimmation eine solche Verkürzung von den genannten zusammengesetzten Eigennamen sein. Wie man das עזם auszusprechen hat, lässt sich nicht mit Gewissheit angeben, wahrscheinlich עַזִם. Er war ein Diener des Asdru-

---

[1]) Vgl. de Vogüé: Melanges etc. p. 90.

[2]) Die griech. Beischrift Ath. 4 „Συμσελημον," welche als eine Pielform, trotz der Verstümmelung, betrachtet werden kann.

baal und führte das Siegel zu seiner Legitimation, wie bereits oben auf einen ähnlichen Fall hingewiesen worden ist.

4. Ein Siegelring, in Haleb von J. Oppert erworben und von de Longpérier zuerst veröffentlicht, hat die Inschrift (s. Taf. II, Nr. 3)

לתמכא
ב‎ ן
מקנמלך

d. i. (Siegel des) Tamaka, Sohnes Miknemelek. Die einzelnen Namen erklären sich sehr leicht, Tamaka vom Stamme תמך, und מקנמלך = מקנ‎[ה]‎מלך „Besitz des Königs." Wer unter dem „König" verstanden sei, ist nach Analogie von עבדמלך und ähnlichen mit מלך zusammengesetzten Namen im Phönizischen zu deuten.

5. Aus der Sammlung des Duc de Luynes, aus Syrien herkommend, ist das Siegel, ein weisser Chalcedon-Stein mit der Inschrift (s. Taf. II Nr. 4):

לתנר oder לתנד
ב‎ ן
אלאמן

„(Siegel des) Tenad, Sohnes Elaman."

Das letzte Zeichen in erster Reihe halte ich für einen blossen Lückenbüsser, wie wir später bei den althebräischen Siegeln ein Aehnliches finden. Ich wüsste sonst nur den Lautwerth eines Sain ihm zuzuschreiben, aber in diser Form kommt es nie im phönizischen, sondern nur im aramäischen Alphabete und zwar von den Zeiten der Achämeniden an, vor. M. de Vogüé, der auch das Siegel a. a. O. Nr. 7, aber wie mir scheint in dritter Zeile nicht genau abgezeichnet hat, liest לתנדו, aber er fühlt wohl selbst, dass ein Waw nie in dieser Gestalt sich findet, daher er auch bemerkt „le premier nom est douteux." Rechnet man aber auch das letzte Zeichen nicht hinzu, so bleibt noch immer die Deutung von תנד ziemlich schwierig. Liest man תנר, so findet man im Hebräischen und Aramäischen nur die Bedeutung „furnus," während das Arabische auch „Leuchter" bietet, s. Bar-Hebraeus p. 282, 12 vgl. Gesenius thesaurus p. 1513. Ferner findet sich auch תנורא bei Lagarde: Analecta p. 153, z. 24, wo weder „Ofen" noch „Leuchter" passt, eher etwa „Panzer." Und in diesem Sinne möchte wohl eine passende Namensbedeutung gefunden werden. Leichter ist die letzte Zeile אלמאן „Elaman," d. h. El sustentavit, vgl. oben 4, Nr. 22 תמבאל, und vorzuziehen der Lesung: Eliammon (nach Analogie von אליה Elia), mein El ist „Ammon." Durch ein Versehen in seinem Siegelabdruck sieht Herr de Vogüé den letzten Buchstaben als Tav an und liest אלאמת „Deus veritatis," das Nun ist aber nicht zu verkennen. Dass unser Siegel etwas später als die vorhergehenden ist, zeigt die Form des Tav, das nicht mehr die Kreuzesform hat (wie dies auch de Vogüé bemerkt); jedoch ist dies kein ganz sicheres Merkmal, wir finden auf den sehr alten assyrischen Gewichten eine unserm Tav nicht sehr unähnliche Gestalt.

6. Aus der Sammlung des Duc de Blacas, jetzt im britschen Museum (vgl. de Vogüé a. a. O. Nr. 4) ist der Carneolstein mit der Inschrift (s. Taf. II Nr. 5):

לבבא

das man mit der hebräischen Wurzel בכה in Verbindung bringen kann; auch de Vogüé übersetzt בבא „fletus." Da der Styl der Gemme ganz und gar ägyptisch ist, so ist am Ende ein ägyptischer Name wohl in dem Worte zu suchen; vgl. Parthey: ägyptische Personen-namen S. 27.

7. Ein Carenol-Jaspis aus der Sammlung de Luynes' im Louvre (vgl. de Vogüé a. a. O. s. uns. Taf. II, Nr. 6) hat die Inschrift:

לעזא

„(Siegel des) Ussa."

In der Figur sieht de Vogüé den Gott El, welcher ein Scepter hält. Derselbe Gelehrte macht darauf aufmerksam, dass nach Sanchon-jathon (Orelli p. 38) El dargestellt wurde mit vier Flügeln, zwei erhoben und zwei gesenkt, als Symbol der fortdauernden Bewegung. Hier könnte, trotzdem nur zwei Flügel vorhanden sind, dieselbe Idee vorgewaltet haben. Wir möchten daran erinnern, dass der Kronos mit vier Flügeln auf einer Münze, auf Cypern gefunden, mit einer phönizischen Inschrift, und vielleicht dem Pymatos angehörig, sich findet;[1] sonst spricht kein bestimmtes Moment dafür, dass wir unser Siegel eher phönizischer, als assyrisch-babylonischer Abkunft zu betrachten hätten.

8. Ein Chalcedon-Stein aus dem Cabinet des Louvre, zur Seite beschädigt, lässt von der Inschrift nur erkennen (s. uns. Taf. II, No. 7):

לאלבד oder לאלבד

---

[1] S. Beiträge zur ältern Münzkunde von Pinder und Friedländer. Taf. VI. Nr. 6. Die betreffende Münze ist auf Cypern gefunden worden.

M. de Vogüé a. a. O. No. 10) ergänzt das Wort zu לאלברך „El-berak" El benedixit, was ganz passend erscheint. Der Schrift nach ist übrigens auch die Möglichkeit nicht ausgeschlossen, dass der Stein assyrisch-babylonischer Abkunft ist. Irre ich nicht sehr, so ist mir die Notiz gegeben worden, er komme aus Syrien.

9. Mit grösserer Sicherheit lässt sich die phönizische Herkunft eines interessanten Steines, eines weissen blau geäderten Chalcedon, aus der Sammlung des Herrn Pérétié in Beyruth, welchen de Vogüé zuerst a. a. O. No. 11 veröffentlicht hat, behaupten. Herr de Vogüé beschreibt das Bild: „Personnage debout, les maines levées en signe d'adoration entre trois aigles (?). Imitation du style égyptien." Auf der andern Seite:

לינאל בן אל חנן

(s. unsere Taf. II, No. 8); der genannte Gelehrte bemerkt weiter: der erste Name bedeutet El audit, der zweite El largitus est [propensus est, favit]; beide sind ganz hebräisch, auch der Anblick des Steines ist ebenso. Die Vertheilung der Legende in zwei Reihen durch einen Doppelstrich geschieden findet sich ebenso auf jüdischen Siegeln (s. weiterhin), und dennoch müssen wir die Einreihung unter die phönizischen Siegel gutheissen, weil der Schrifttypus ein phönizischer ist; wenigstens ist ein solches Sain, Jod und Chet noch nicht auf althebräischen Siegeln gefunden worden. Zu dem Namen יונאל ist noch zu vergleichen der biblische יָאֲזַנְיָ֔הוּ 2 Kön. 25, 23, dessen Name יְזַנְיָ֔הוּ Jerem. 40, 8 und יְזַנְיָ֔ה daselbst 42, 1 geschrieben ist.

10. Eben daher kommt ein Siegel, dessen Abbildung M. de Vogüé Mélanges a. a. O. p. 101 mitgetheilt hat (s. uns. Taf. II, No. 9). Der französische Gelehrte liest לגדישך. Er vergleicht die Zusammensetzung dieses Wortes mit גדמלקרת der phönizisch-karthagischen Inschriften[1]) und dem biblischen נריאל und vermuthet in dem Paare Ἀγρός

---

[1]) Wenn auch גדמלקרת auf phönizischen Inschriften möglich ist, so ist uns doch keine bekannt, welche diesen Namen enthielte. Cit. 35 bei Judas (études dém. pl. 5) hat גדמלקרת. Ueberhaupt möchte man die mit גד componirten Nomina nicht so häufig antreffen, wie früher geglaubt wurde, da in allen früher gelesenen גדעשתרת eher גרעשתרת (Γηράστρατος) zu sehen wäre. Nur Giddeneme des Plautus und גדעם Davis No. 42 sind sichere Composita mit גד.

und Ἀγρότης des Sanchonjathon שׁר und שׁרת (freilich aus Missverständniss des griechischen Uebersetzers der שׂר mit שָׂרֶה „Feld“ ver-
wechselt hat.[1]) Wir vermögen dem gelehrten Archäologen in diesen
Ansichten nicht zu folgen, sondern sehen in der Inschrift nichts
weiter als

לגדשר

eine andere Form des oben I, No. 1 besprochenen סרגד, eine Umstel-
lung, die sonst noch häufig vorkommt. Das aramäische סַר ist im Phönizischen, wie oft im Hebräischen, zu שׂר geworden. Der Besitzer des
Siegels nennt sich „Gadsar“ d. h. „Gad ist Herrscher.“

11. Aus derselben Sammlung stammt der Carneol, der aus Amrith (dem alten Marathus) herkommt, bei de Vogüé (a. a. O. No. 12).
„Imitation de la barque sacrée ou baris égyptienne, surmonté du disque ailé.“ Die Inschrift (s. uns. Taf. II, No. 10):

חב

ist vielleicht der Name des Besitzers.

Wir wollen nur noch die Bemerkung hinzufügen, dass auch auf den
karthagischen Münzen mit dem Ceres-Kopf zur rechten und dem Pferde
nebst Palme, Siegesgöttin und Caduceus zur linken Seite sich dieselben
Buchstaben חב finden, die jedoch noch keine befriedigende Erklärung
gefunden (S. L. Müller: Numismatique de l'ancienne Afrique II, p. 77,
No. 28, und Vaux: On the coins of Carthage p. 12, Note 5.)

12. Ein Siegel aus dem Museum des Louvre, aus Syrien herkommend, hat ganz die Figur wie oben in I, No. 15 zwischen den bekannten
Symbolen des Lebens (s. uns. Taf. II, No. 11). Die Inschrift:

למצרי

„Siegel des Mazri oder Mizri“ nennt gewiss den Eigenthümer. Wir
kennen bereits den Namen eines Töpfers מצר Mars. Gesen. Tab. 14,
und Ugdulena: Sulle monete Punico-Siculo t. II, 25, und מצרי selbst
bei Bourgade toison d'or etc. Carth. A., Z. 3. Die Figur mit dem Stabe
scheint uns ein Bote zu sein, der zu seiner Legitimation das Siegel trug,
vgl. oben S. 11.‘ Die Schrift auf der vorliegenden Inschrift ist noch
ziemlich alterthümlich, wie das Jod-Zeichen beweist, wenn auch das

---

[1]) Vgl. Renan: Mémoire sur l'origine de l'histoire phénicienne .... de
Sanchoniathom p. 28. Uebrigens ist zu bemerken, dass neben Ἀγρότης auch
Ἀγρούηρος vorkommt.

Mem mit einem Querstrich versehen ist, da eine solche Mem-Form
schon auf den alten assyrischen Gewichten vorhanden ist.

13. Die Bekanntmachung des folgenden Siegels, ein Carneol im
Besitz des Herrn Vicomte de Rougé verdanken wir Herrn de Vogüé
(a. a. O. No. 14). Er giebt folgende Beschreibung des Bildes: „Prêtre
debout, en longue tunique, coiffé de la mitre assyrienne, un sceptre à la
main, devant un pyrée ou autel du feu; au-dessus, croissant lunaire.“
Die Inschrift ist sehr deutlich und nur das Wörtchen בן giebt die Entscheidung, dass wir nicht aramäische Schriftform vor uns haben; denn
sonst tritt sie dieser eben so nahe, wie der phönizischen; sie lautet (s.
Taf. II, No. 12)

לאבעד בן זכר

„(Siegel des) Abiad, Sohnes Sichar.“

Den ersten Namen liest de Vogüé „Abied“ d. i. pater testi-
monii. Wir möchten eher lesen: אֲבָ[יִ]־עַד „pater perpetuitatis“ oder
„pater perpetuus“ ganz nach der biblischen Stelle Jes. 9, 5, wo das
(messianische) Kind diesen Beinamen führt; oder wenn nach Luzatto (in
seinem Commentar zu St.[1]) diese Namen mit Recht auf Jehova bezogen
werden, so dürfte im Phönizischen doch eine andere Ideenverbindung
vorausgesetzt werden. Der Vatername nach de Vogüé „Zaker nom
biblique“ (es dürfte wohl Zeker oder Zakur gemeint sein) scheint uns
eher Sikar im Phönizischen zu lauten nach dem Zeugniss von Servius
ad Virg. Aen. I, 347 und 352, der den Sichaeus, Gemahl der Dido
als aus Sicharbas (d. i. זכר בעל) verkürzt glaubt.

14. Ein von Herrn Waddington in Aleppo erworbenes Siegel, ein
grüner Jaspis, hat auf der einen Seite das Bild eines Löwen, der einen
Stier anfällt, auf der andern in drei Reihen getheilt (s. uns. Taf. II,
No. 13):

חתם
מנן ב־
רבבעל

„Siegel Manon's, Birikbaal.“

Die Schrift ist noch ziemlich alterthümlich, besonders bemerkenswerth ist das Tav, das im Phönizischen in dieser Form selten ist. Der
Name מנן kommt hier zum ersten Mal vor, wenn auch die Wurzel im

---

[1] Il profeta Isaia volgarizzato e commentato .... Padua 1856.

Phönizischen, aus dem Wörtchen מִן (מ) bekannt war. Indessen ist es immerhin möglich, dass Cit. 26 dieser Name sich finde, wenn man lese:

לְמַעַן בֶּן עוּר בֶּן עֹטִי (?)

In erster Zeile dieser Cit. Inschrift ist das letzte Nun (בֶּן) ganz so wie das dritte und vierte Zeichen geformt, so dass die Möglichkeit מַעַן (statt מַעַן „Magon“) zu lesen nicht ausgeschlossen ist. Doch lassen wir die unsichere Copie der Citischen Inschrift dahingestellt, auf unserm Siegel sind die Zeichen klar. Der Manon unserer Inschrift führt noch einen Beinamen בָּרכבעל, der nach den lateinischen Inschriften Nord-Afrikas (vgl. L. Renier: Inscriptions de l'Algérie) bald Baricbal (s. No. 2771, 2986, auch Barigbal No. 3602 und 3603), bald Bi-ricbal (das. 2778) gesprochen wurde.[1] Doppelnamen wie an unserer Stelle kommen auch sonst vor, nicht nur in lateinischen Inschriften, auf dem Boden Nordafrikas, wo römischer Einfluss sich geltend gemacht und römische mit phönizischen Namen vereinigt werden, in welchem Falle der alte Name gleichsam Gentilname geworden, mit dem sich ein römi-sches Cognomen verbindet[2]), sondern auch in phönizischen Inschriften selbst, vgl. z. B. phönizische Stud. III, 62 עתבן עבדמלקרת, das. S. 65 u. 72, No. 9.

Herr de Vogüé, welcher ebenfalls dieses Siegel a. a. O. No. 21 veröffentlicht, liest

חתם מן מברכבעל

„Sceau de Mbarekbaal.“ Er fühlt selbst das Schwierige ein מן als Ge-nitiv zu nehmen. Er muss durch einen ungenauen Siegelabdruck ge-täuscht worden sein. Der meinige, den ich durch die Güte des Herrn Waddington besitze, zeigt ganz deutlich die Zeichen, welche ich vorher angegeben habe.

15. Ein Carneol aus dem Cabinet des Herrn Pérétié, aus Tyrus stammend, veröffentlicht M. de Vogüé a. a. O. Nr. 17. Der Stein ist der Länge nach durchbohrt, um als Ring getragen zu werden. Die In-schrift lautet (s. uns. Taf. II, Nr. 14)

לכפר

Der Name Kephir (oder wie man sonst den Namen aussprechen will) mag

---

[1]) Vgl. auch phön. Stud. II, 85.

[2]) Vgl. z. B. bei Renier a. a. O. Zabulia Quieta No. 722. Elviza Sa-turnina das. 773. Biricbal Secundus das. 2778.

mit dem hebräischen כְּפִיר „junger Löwe" verglichen werden. Uebrigens ist der Stamm auch in כברא, einer auf sicilischen Münzen häufig
sich findenden Legende (s. bei Ugdulena a. a. O. Tav. I, 3. 6. II, 12. 13).
Vergleicht man die Zeichen dieser letztern mit denen unsers Steins, so
wird man die Alterthümlichkeit des Kaph auf diesem nicht verkennen.[1]

16. Ein weisslich scheinender Agat des Kaiserlichen Cabinets zu
Paris trägt die Inschrift

לכברבע

über welche wir uns weiter ausgelassen haben in uns. phön. Stud. II.
Nr. 10. S. 36. Lajard: culte de Vénus p. 140 fg. hält diese Gemme für
sehr alt, wir halten sie der Schrift nach für jünger als die vorhergehende Gemme.

17. Aus der Sammlung des Herrn Pérétié, aus Amrith herkommend, giebt M. de Vogüé a. a. O. Nr. 19, das Abbild eines Berg-
kristal's, darstellend einen gehörnten Vierfüssler (Antilope?) links
schreitend, über demselben Sonne und Mond mit der Inschrift (s. uns.
Taf. II, Nr. 15): חור „Hur oder Hir." Wir vermögen seiner Lesung
nicht beizutreten. Der mittlere Buchstabe kann kein Waw oder Jod,
sondern nur ein Kaph sein, so dass zu lesen ist:

חכר

„Chakar." Wir finden ein solches Kaph sehr häufig auf phönizischen Inschriften (z. B. Melit. 1. Umm-el-Awamid 1. 2.). so dass man an der rich-
tigen Bestimmung nicht zweifeln kann.[2] Schwieriger ist es zu erklären,
was חכר (oder etwa auch הכר) bedeute, da diese Wurzel sich nicht im
Hebräischen findet. Im Chaldäischen jedoch bedeutet הכר pachten,
miethen und das Nom. Pächter, Miether.[3] Diese Bedeutung
mag man auch für die Inschrift unsers Steins in Anwendung bringen.

18. Eben daher rührt ein Carneol-Stein, von Amrith herkommend,
dessen Abbild wir ebenfalls de Vogüé (a. a. O Nr. 20) verdanken. Wir

---

[1] De Vogüé bemerkt über das Bild: „le sujet est assez difficile à déter-
miner; c'est un lion ailé, vu de face, ou peut-être un scarabée: כפר veut dire
Lion; peut-être sont-ce des „armes parlantes" (?). Keper est le nom du
scarabée en égyptien, peut-être y-a-t-il là un jeu de mots sur le nom du pos-
sesseur et le symbole qu'il a adopté (?)."

[2] Ein so geformtes Kaph ist jedenfalls jünger als die bereits auf den vor-
anstehenden Siegeln angetroffenen, wie man sich überzeugen kann, wenn man
die Denkmäler durchmustert, auf denen es sich findet.

[3] Die bei Buxtorf und Aruch angeführte Bedeutung „finster sein" mag
corrumpirt aus הכר sein. S. Levy Wörterb. zu den Targumim s. v.

geben mit dem Wiederabdruck (s. uns. Taf II, 16) auch seine Beschreibung: Prêtre vêtu de la tunique assyrienne, coiffé du Pschent égyptien,
immolant un quadrepéde cornu(?) femelle qui allaite quatre petits enfants.
Au-dessus, le soleil, la lune et le disque ailé."

Die Lesung שקב giebt keinen passenden Sinn, da diese Wurzel im
Hebräischen sich nicht findet. Vielleicht, meint de Vogüé, ist das Wort
nicht richtig geschrieben, da der mittlere Buchstabe verloschen war und
von Neuem eingravirt worden ist. „Tout dénote dans léxecution de ce
nom propre l'incertitude ou la négligence." Wir wollen uns desshalb bei
der Deutung nicht länger aufhalten.

18. Von ältern früher schon veröffentlichten Siegeln ist wohl keines
bis auf das sub Nr. 16 genannte so alt, wie die bisher aufgezählten.
Unter diesen ältern ist zuerst zu nennen: der bekannte Stein von Tyrus,
der zuerst von Benary in Köhne's Zeitschrift für Münz-Wappen- und
Siegelkunde III, S. 379 und Journal asiatique 1844, Avril S. 310 bekannt gemacht und erklärt wurde. [1]) Diese Abdrücke und die Erklärungen genügen nicht vollständig und es ist daher sehr verdienstlich von
Herrn de Vogüé, wenn er nochmals bei dem englischen Consul Moore
in Beyruth, der den Stein besitzt, einen Siegelabdruck genommen und
im journ. asi. von Neuem abzeichnen liess (s. Mélanges a. a. O. p. 81).
Zu gleicher Zeit ist ihm die Deutung des letzten Wortes trefflich gelungen; desshalb möge die Inschrift und die Deutung zur Vollständigkeit
hier einen Platz finden (s. Taf. II, Nr. 17).

Die Inschrift ist nach dem genannten Gelehrten zu lesen:

לבעליתן
אש אלם אש
למלקרת רצף

„A Baaliathon, homme des Dieux, consacré à Melkarth-Retsep." Die
Gottheit מלקרת רצף wird in Verbindung gebracht mit dem רשף יתן
der 37. und רשף חץ der 38. Cit. Inschrift. Das Genauere gehört nicht
hierher und verweisen wir auf die genannte Abhandlung. [2])

---

[1]) Vgl. Rödiger: ZDMG. III, 242 Anm. 1.

[2]) Herr Derenbourg, Mélanges a. a. O. p. 34, übersetzt: Pierre (das ist das
Wort רצף) de Baalithan, homme des Dieux, au service de Melkarth," s. das.
seine Begründung, die sehr geistreich, aber für uns nicht überzeugend ist. Wir
erklären uns eher für die Auffassung von de Vogüé.

19. Eine Gemme des berliner Cabinets bei Gesenius a. a. O. tab. 31 Nr. LXX, vgl. das. p. 224 fg., hat die Inschrift

בֹּן אר

„Ben-Or." Sohn des Lichts. Die Formen der Buchstaben ähneln mehr dem Schrifttypus der cilicischen Münzen, als dem des eigentlichen Phönizischen. Indessen dürfte man auch für die ganz im ägyptischen Style verfertigte Gemme den Schrifttypus des Aramäisch-Aegyptischen voraussetzen, wenn nicht das deutliche בֹן dagegen spräche. Die Schrift hat so nach allen Seiten betrachtet etwas Anomales, doch scheint die Lesung gesichert, wenigstens sicherer als die von Gesenius, der בְאָךְ liest, aber keine Erklärung dafür findet.

20. Die Gemme bei Gesenius a. a. O. Nr. LXIX sei hier nur genannt, ohne dass wir uns in eine weitere Erklärung einlassen. Die Zeichen רבְ,תִע sind deutlich, es fragt sich jedoch ob nicht auch das vorangehende ein Buchstabe sei. Jedenfalls müsste eine genauere Revision der Gemme stattfinden, ehe eine Deutung versucht werde.

21. Ueber die Gemme bei Gesenius a. a. O. Nr. LXVII, ter, haben wir uns ausführlich ausgesprochen ZDMG. XI, S. 71 fg. Wir halten unsere Lesung:

לפתח בן אמננבא

trotz der Einwendungen von Blau ZDMG. XIX, 536, noch immer für die passendste. Wir wissen in der That seine Lesung אפתח אם ברבא weder sprachlich, noch graphisch zu rechtfertigen. [1]

22. Sehr leicht leserlich ist die Inschrift auf der sardinischen Gemme bei Gesenius tab. 14, Nr. XLV:

עבדא

ein Eigenname, der oft genug im Phönizischen sich findet, s. uns. phön. Wb. s. v.

---

[1] Wenn Herr Blau einwirft: „Jedenfalls ist das von Levy eingeschobene בן gar nicht auf dem Steine zu finden," so muss er ganz übersehen haben, dass ich S. 72 a. a. O. ausdrücklich bemerkt, dass die gezeichnete Figur eine Ligatur von Tav, Cheth und Beth ist, dies letztere giebt mit dem letzten Zeichen offenbar ein בן. Uebrigens habe ich gar nichts dagegen einzuwenden, dass diese Gemme cyrenäischen Ursprungs sei. Der cyrenäische König Ἀμυάκης ist mir dazu sehr willkommen.

III.

Siegelsteine mit althebräischen Inschriften.

Nicht minder zahlreich sind die Siegelsteine mit althebräischen Inschriften, als die mit phönizischen und aramäischen Legenden. Von
jenen unterscheiden sie sich nur durch gewisse Formen der Eigennamen
und zum Theil auch durch Abwesenheit jeglicher Bildnisse. In diesem
Falle pflegt die Inschrift, wenn sie mehr als einen Namen trägt, durch
einen Doppelstrich getrennt zu sein; doch ist die Abwesenheit von Bildern
nur ein negatives Kennzeichen; denn wir werden manche ächt hebräische
Inschriften kennen lernen, welche von Symbolen und zwar nicht selten von
solchen, welche mit Götzendienst in Verbindung standen, begleitet sind.
Ja man geht nicht irre, wenn man dergleichen Siegel zu den ältesten
rechnet, weil in der Zeit des achten Jahrhunderts [1]), bis nach der Rück-
kehr aus dem Exil mehr der Götzendienst unter den Judäern und Israeliten vorwaltete, als die Verehrung des bildlosen Johova. Er waltete
in jenen Zeiten, als die Israel umwohnenden Völker ihren Einfluss auf
dieses in äusserer öffentlicher Gottesverehrung bemerklich machen, wie
viel mehr in dem Privatleben, wo der Willkühr und nicht selten der
herrschenden Mode mehr Spielraum gelassen ist. Und Siegel zu ge-
brauchen, war von der Nothwendigkeit des Verkehrs, ihre Ausschmückung von dem herrschenden Geschmacke bedingt. Die Siegel
waren bei den Hebräern zur Zierde, man trug sie nicht nur am Finger,
sondern auch auf der Brust (an einer Schnur befestigt). Es ist auch der
Stellung des Weibes bei den Hebräern angemessen, dass wir unter den
mitzutheilenden Siegeln auch Frauen, und das in nicht geringer Anzahl,
als Eigenthümer finden, wie dies selbst noch in spätern Zeiten bei den
Juden Sitte blieb (vgl. Mischna Sabb. 6, 1).

Ein ziemlich sicherer Führer, um die Nationalität des Siegelbesitzers
festzustellen, ist neben der Namenseigenthümlichkeit auch der Schrifttypus, der früher uns nur für spätere Zeiten, vom zweiten vorchristlichen
Jahrhundert und weiter hinab, durch die jüdischen Münzen bekannt war,
und über welchen nun die Siegel auch für ältere Zeiten Aufschluss ge-

---

[1]) So hoch hinauf reichen manche Legenden der mitzutheilenden Siegel.
Wenn einzelne auch höher hinaufgehen, so dürfte die Annahme, dass Bilder
ebenfalls auf ihnen nicht fehlen werden, wohl gerechtfertigt sein, da selbst im
salomonischen Tempel sie in verschiedenen Formen angetroffen werden.

ben. Freilich sind auch hier, wie bei den phönizischen Inschriften, die
ältesten Zeichen noch sehr ähnlich den altbabylonischen; doch haben sich
gewisse Eigenthümlichkeiten schon sehr früh herausgestellt, die uns über
die Angehörigkeit einen·Fingerzeig bieten; so z. B. die Formen des Aleph,
Waw, Cheth, Ain und Taw, wie dies im Einzelnen weiterhin noch erörtert werden soll.

1. Ein kleiner Cylinder, Chalcedonstein, von Waddington in
Aleppo erworben, mit dem Bilde eines nach Rechts gewendeten Stiers,
hat die Inschrift (s. uns. Taf. III, Nr. 1):

לשמעיהו בן עזריהו

„(Siegel des) Schemajahu's, Sohnes Asarjahu's.“ Ich halte mit Herrn
de Vogüè (s. a. a. O. Nr. 34) dieses Siegel dem Schriftzuge nach für
eins der ältesten, ohne gerade anzunehmen, dass es an den Ufern des
Euphrats für einen dorthin versetzten Juden gefertigt worden sei. Denn
die Gesetzesverletzung ein Bild eines Thieres auf sein Siegel zu setzen,
konnte auch im Heimathslande geschehen sein, da, wie schon früher er-
wähnt, das mosaische Gesetz sich keine allgemeine Beachtung verschafft
hatte; zumal wenn man erwägt, dass die Legende, wenn man sie mit
andern aramäischen und phönizischen vergleicht, bis in's siebente ja sogar
vielleicht in's achte Jahrhundert vor Christo hinaufgeht. Die Schrift zeigt
nämlich die merkwürdige Erscheinung, dass einzelne Zeichen noch ganz
und gar die altaramäische Form bewahrt haben, so z. B. das Mem und
Schin. Ganz eigenthümlich ist die Form des Sain, das so gestaltet uns
hier zum ersten Male begegnet. Der Strich, welcher die beiden horizon-
talen Parallelen verbindet, ist sonst mehr nach der Mitte gerückt, wie
im Altgriechischen, hier aber ganz nach der rechten Seite, wie das Di-
gamma; eine Verwechselung mit dem He konnte nicht stattfinden, weil
dies dreistrichig in unserer Legende ist; auch nicht mit dem Waw, das
einen schrägen Strich durch den Kopf hat, ganz so, wie wir es noch auf
den spätern makkabäischen Münzen wahrnehmen; wie denn überhaupt
die merkwürdige Zähigkeit der Juden an den alten Formen treu zu
halten sich auch an den Schriftzeichen bewährt. Es ist uns kein Zweifel,
dass ursprünglich Phe und Waw im altaramäischen Alphabet durch ein
und dasselbe Zeichen ausgedrückt worden sei — noch auf den cilicischen
Münzen ist kaum ein Unterschied zwischen beiden zu erkennen — und
dass in den abgeleiteten Alphabeten, und sehr frühzeitig schon im althebräischen, sich das Bedürfniss geltend gemacht hat beide Formen zu
unterscheiden. Die einfachste Procedur war: einen Strich durch den

Kopf des Waw zu ziehen, oder den Kopf zu öffnen, oder ihn mit einem
kleinen Häkchen zur rechten oder linken Seite zu versehen, oder endlich noch andere Modificationen mit diesem Buchstaben vorzunehmen,
um ihn in seiner neuern Form von andern ähnlichen zu unterscheiden.
So finden wir bei dem althebräischen Waw einen Formreichthum, wie
kaum bei einem andern Zeichen [1]); während das Phe — wir haben es
überhaupt noch nicht im Althebräischen gefunden — wenn man von
dem Altaramäischen und Phönizischen aus ein Urtheil sich bildet, eine
sehr geringe Entwickelung zeigt.

Uebrigens ist auch die vollere Form bei den Namen שמעיהו, עזריהו
statt der verkürzten שמעיה und עזריה ein Zeichen höheren Alters.
Beide Namen gehören überhaupt zu den im A. T. am häufigsten ge-
brauchten. Simonis Onomasticon p. 541 zählt 33 Namen Asariah auf
(es sind dies nicht alle im A. T. vorkommenden), unter diesen sind 12 in
der Form עזריהו, die übrigen in der עזריה (die Bücher Daniel, Esra und
Nehemia kennen überhaupt nur diese Namensform). Unter Schmajah
werden 29 aufgeführt, von denen 6 die Form שמעיהו, die übigen שמעיה
haben. [2]) Im Pentateuch kommen überhaupt Namenbildungen mit der
Endung יהו oder יה gar nicht und selbst mit der Vorsatzsilbe יו nur in
יוכבד und יהושע[3]) vor.

2. Dem eben besprochenen Siegel steht an Alter am nächsten
der bekannte in Phönizien gefundene Agat, welchen bereits Rödiger 1849
in der ZDMG. III, 243 fg. veröffentlicht und erklärt hat.[4]) Er hat die
Inschrift:

---

[1]) In der Schrifttafel zu unserer Geschichte der jüdischen Münzen haben
wir zwölf Formen für das Waw aufgeführt, die jetzt noch um mehrere aus den
Münzen und Steinen vermehrt werden könnten.

[2]) Für die Kritik des A. T's lässt sich mancher Fingerzeig aus solchen
Namensformen wahrnehmen, wie dies wohl schon vielen Exegaten nicht ent-
gangen, wenn auch nicht genügend beachtet worden ist. Bemerkenswerth ist
dabei, dass die Bücher der Chronik, wo sie unüberarbeitet ihre Quellen geben,
die vollere (ältere) Form haben.

[3]) 4 M. 13, 17 (vgl. das. vs. 8). Mit der Namensveränderung hat es
übrigens eine eigenthümliche Bewandniss, was hier des Weitern auszuführen
nicht der Ort ist.

[4]) Der Stein ist jetzt im Museum des Louvre, in der Sammlung des Duc
de Luynes. Aus dieser giebt Herr de Vogüé nochmals einen Abdruck a. a. O.
Nr. 35. Der Siegelabdruck, welchen ich besitze, stimmt fast ganz mit dem der
ZDMG. überein, die Abweichungen sind ganz unwesentlich, daher ich auch den
Wiederabdruck nicht für nöthig erachte.

3*

לנתניהו בן עבדיהו

„(Siegel des) Nathanjahu, Sohnes Abadjahu," und es gilt von diesen Namen, was wir in der vorigen Nummer bemerkt haben. Die Steinböcke oder Hirsche, welche über und unter den Namen angebracht sind, sollen sich nach de Vogüé auf die syrische Göttin, der diese Thiere heilig waren, beziehen. Nach Rödiger mögen sie etwa auf das edle Waidwerk, als das muthmassliche Geschäft des Inhabers dieses Siegels, Bezug haben. Bemerkenswerth sind die beiden Striche, welche die Namen theilen.

3. Ein Siegel im britischen Museum, das aus Babylonien herkommen soll, hat die Inschrift durch zwei Striche getrennt (s. unsere Tafel III, Nr. 2):

לחנניה בן תריה (oder) אריה

„(Siegel des) Hananiah, Sohnes Todajah (oder Uriah)."

Rawlinson (a. a. O. Nr. XVI) giebt dies Siegel in ganz ungenauer Copie, daher seine Lesung לחנניה בן ודימח gewiss nicht zu billigen ist. Der erste Name ist freilich gar nicht zu verkennen, dagegen macht der Vatername einige Schwierigkeit. Herr de Vogüé (a. a. O. Nr. 36) liest נריה; allein ein Gimel in dieser Form ist uns nie begegnet. Es bleibt wohl nichts anderes übrig, als das erste Zeichen als Taw zu nehmen, indem der Querstrich nicht ganz die andere Linie durchschnitten hat. Es wäre dann תריה etwa - תיר[ת] יה „Dank Gottes" d. h. „Dank gegen Gott." Möglich ist auch das fragliche Zeichen als ein Aleph zu nehmen nach dem aramäisch ägyptischen Schrifttypus, wie z. B. in der Münze bei de Luynes a. a. O. XVI, 1. in dem Worte אלכסנדר (Alexander) (s. ZDMG. XVIII, S. 102. Anm. 1), also so dass אַרִיָה zu lesen wäre. Es scheint mir diese Annahme eben so wahrscheinlich wie die erstere. Dagegen sehe ich in den zwei letzten nicht tief eingravirten Strichen keinen Buchstaben, ähnlich wie wir oben II, Nr. 5 in erster Zeile einen Strich zu Ende der Zeile nur zur Ausfüllung der Zeile angesehen haben.

Dass unser Siegel den beiden vorangehenden an Alter nachsteht, möchte schon aus der zweistrichigen Form des He hervorgehen; der Typus althebräischer Schriftart zeigt sich übrigens ausser in den Namen auch in der Gestalt des Cheth.

4. Ein rother Jaspis von eirunder Form aus dem britischen Museum ganz in ägyptischem Styl (s. unsere Taf. III, Nr. 3) giebt die Inschrift:

לאלשׁנב

בת אלשמע

„(Siegel der) Elsigeb, Tochter Elschama's oder Elischama's. "

Während der zweite Name (ausgesprochen nach der Bibel Elischama) leicht sich erklärt „Deus exaudivit," und nicht selten im A. T sich findet, ist der erste hier zum ersten Male bekannt geworden; seine Erklärung macht jedoch keine weitere Schwierigkeit. שׁנב im Piel heisst e r h e b e n, s c h ü t z e n, also Elsigeb = El schützt, ein Name, wie man hier sieht, auch sehr wohl einem Weibe gegeben sein kann. Ein männlicher Name שָׁגוּב findet sich auch 1 Chr. 2, 21. 22 und 1 Kön. 16, 34 im Ketib.

Das Siegel ist ziemlich hoch hinauf zu datiren: alle Zeichen tragen bis auf das Beth ein sehr alterthümliches Gepräge, dieses hat den Kopf ein wenig geöffnet, ein Merkmal etwas jüngerer Schriftart; beim Ain ist dies auch auf ältern Denkmälern der Fall. Ohne dieses Anzeichen möchte das kleine Monument nicht hinter den Nr. 1 und 2 beschriebenen an Alter zurückstehen, besonders wenn man den Styl desselben, der ganz und gar ägyptisch ist und keine Spur assyrisch-babylonischen Einflusses zeigt, in Betracht zieht.

5. Ein Chalcedon-Stein, von M. Waddington in Damascus erworben, jetzt im Cabinet des Herrn de Vogüé hat die Inschrift (s. Taf. III, Nr. 4):

לסריה בן בנסמרנר

„(Siegel des) Sariah, Sohnes des Ben-Samerner. "

Diese kurze Inschrift macht uns zum ersten Male mit der Samech-Form des althebräischen Alphabets bekannt, in zwei Varianten; die eine zeigt die anders gekehrte Gestalt der andern, ähnlich wie wir beide Arten von Sain (s. oben zu II, 3) kennen gelernt haben. Auf diese Weise sind uns nunmehr sämmtliche Formen des althebräischen Alphabets, bis auf Teth und Phe, aus älteren Monumenten bekannt. Die neue Samechform ist so ziemlich dieselbe, wie die des altaramäischen, wie denn auch die übrigen Zeichen dem genannten Alphabete am nächsten kommen; so ganz besonders das He, vgl. oben die aramäischen Siegel I, 4 und 7. Wir würden auch nach diesen äusseren Merkmalen unser Siegel zu denen sub I aufgezählt haben, wenn nicht der erste Name סריה offenbar auf einen Hebräer schliessen lässt. Der Name ist gewiss = שְׂרָיָה, sehr häufig im A. T. (s. Gesenius thes. p. 1338); jene Schreibart mit ס ist der aramäischen Mundart geläufiger.

Den zweiten Namen lesen wir mit de Vogüé (a. a. O. Nr. 37)
בנסמרנר, obgleich die Deutung „custos lucernae" uns nicht sehr zu-
sagt: es müsste dann כמר = hebr. שמר stehen, und so ein Wechsel
von שׂ und ס, der allerdings möglich, wenn auch sehr selten vorkommt,
angenommen werden.

Nach dem Siegelabdruck, den ich besitze, liesse sich auch der
Schluss der zweiten Reihe בנ lesen, während der der ersten auch sehr
undeutlich erscheint. Herr de Vogüé, der Besitzer des Siegels, dem
daher ein genauere Besichtigung desselben möglich ist, meint es sei
ursprünglich ein בר statt בן beabsichtigt gewesen und letzteres erst durch
Correktur hineingebracht. Das erste בן sieht auch ganz unähnlich dem
zweiten, so dass es mir vorkommt, als sei die Absicht des Steinschneiders
gewesen dasselbe ganz zu beseitigen, was freilich nur unvollkommen gelungen ist. Alles zusammen genommen macht die Schrift und Sprache
den Eindruck, als sei die assyrische oder chaldäische Herrschaft nicht
ohne Einfluss auf den alten Siegeleigenthümer geblieben, daher wir dies
kleine Monument auch jüngern Datums als die vorangehenden halten.

6. Wir rechnen auch zu den althebräischen Denkmälern ein Siegel,
aus dem kaiserlichen Cabinet zu Wien, welches wir schon früher (phön.
Stud. II, S. 33 und S. 110, s. Taf. 8, a) besprochen haben. Wir haben
schon damals die Schrift für althebräisch gehalten, doch hat das Bild uns
der Ansicht geneigt gemacht, dass wir eher Phönizier als Urheber des
Siegels anzusehen haben. Nachdem wir aber gegenwärtig Siegel von sicher
althebräischer Herkunft mit Bildern versehen, welche noch entschiedener
dem Monotheismus entgegen sind, kennen gelernt haben, stehen wir nicht
an die Inschrift

לאהתמלך אשת ישׁע

ebenfalls zu den althebräischen zu zählen.

Herr de Vogüé (a. a. O. Nr. 6) hat das genannte Siegel unter den
phönizischen Monumenten aufgeführt, indem er die Schriftart nicht für
althebräisch ansieht, oder wie er sich ausdrückt: „l'aspect de la légende
n'est pas hébraïque." Wenn wir auch zugeben, dass das Taw dabei
nicht entscheidend sei, so ist es doch nach unserer Ansicht das Cheth.
das in der Zeichnung des französischen Gelehrten mehr geschlossen sein
und die Spitzen weniger herausgekehrt haben sollte, vgl. unsere Abzeichnung a. a. O. Uebrigens meint Herr de Vogüé, die Charactere seien
nicht später als das siebente Jahrhundert vor Chr.

7. Nicht viel später ist auch die Siegelinschrift, welche wir in etwas vergrösserter Form in unsern phön. Stud. III, 7a (vgl. das. S. 78) [1]) mitgetheilt haben und die wir in natürlicher Grösse hier nochmals folgen lassen (s. Taf. III, Nr. 5):

לעבדאלא
בן שבעת
עברמתת בן
צרקא

„(Siegel des) Abdela, Sohnes Schibath. Abdmatath, Sohn Zidka's (oder Zadika's)."

Das Siegel ist in erster Zeile links etwas beschädigt, doch scheint vermuthlich nichts zu fehlen. Herr Rawlinson, der (a. a. O. Nr. IX, s. Seite 237 fg.) dies Siegel ebenfalls, wenn auch in den einzelnen Formen ungenau, mitgetheilt hat, scheint nach dem zweiten Aleph Z. 1 keinen weiteren Buchstaben anzunehmen. Wir finden ja auch den Namen אלא 1 Kön. 4, 18 als einen der Beamten Salomo's = „Therebinthe," oder nach Hamaker (miscellanea punica S. 40) = „vir fortis" ʼund mag der Name עברדאלא und עברמתת von irgend einem Abhängigkeitsverhältniss herrühren, wie wir später noch einen andern Namen ähnlicher Bildung kennen lernen werden. Dass zwei Männer in irgend einer gemeinsamen Handthierung ein gemeinschaftliches Siegel führen konnten, dürfte nichts Auffallendes haben, da sich täglich im Verkehrsleben die gleiche Erscheinung uns darbietet.

8. Ein auf beiden Seiten eingravirter Stein ist vor längerer Zeit in der Revue archéologique (Nouv. série, IV 1863. p. 358 fg.) von M. de Longpérier veröffentlicht worden. [2]) Er nimmt in vieler Beziehung unser Interesse in Anspruch, daher wie ihn in unsere Lithographie (s. Taf. III, Nr. 6) aufgenommen haben.

Der berühmte Archäologe spricht sich folgendermassen über dieses Denkmal aus: „Sur la première face, on voit une figure d'homme debout tenant un bâton, accompagné de l'inscription: לשבניה „de Schebaniah" (Sébénias). Au revers, on lit entre deux globes ailés, les mots לשבניהו בר עויה „de Schebaniah, fils d'Ozziah" (Sebenias, fils d'Osias) (sous-entendu sceau)." La forme des caractères qui est excellente,

---

[1]) a. a. O. ist 6, b statt 7a Druckfehler.
[2]) Der daselbst gegebene Holzschnitt ist doppelt so gross, als das Original.

l'aspect de la pierre qui rapelle celle du scarabéoïde qui a été recueilli par M. Place sous un des grands taureaux de Khorsabad, le costume du personnage, tout en un mot se rattache au VIII. siècle avant notre ère." Um diese Zeit, heisst es weiter, regierte der König von Juda, Osias, und die folgende Generation muss viele dieses Namens gehabt haben. M. de Longpérier macht sodann auf die Aehnlichkeit einzelner Charaktere, mit denen der alten jüdischen Münzen aufmerksam; auch auf die „globes ailés," welche eine Nachahmung eben derselben Gestalt sein könnten, welche man auf Siegeln und andern Monumenten der Völker, welche den Juden benachbart waren, sich finden; wie denn auch die Propheten, welche in der Zeit des Usia lebten, den Juden ihre götzendienerische Sympathien vorgeworfen haben. Sebenias, Sohn Usia's, könnte ein Jude von keiner stark orthodoxen Ansicht gewesen sein, einer von denen, welche sich von den Ansichten der Chaldäer habe bestimmen lassen. Das Wort בר ist zwar nicht phönizisch, aber doch biblisch. [1])

Wir sind nun keinen Augenblick im Zweifel, dass das vorliegende Kunstwerk eine althebräische Inschrift enthalte, wir lesen jedoch die grössere Inschrift:

לשבניו ע
בד עזיו

„(Siegel des) Schebnaju, Diener des Usin," und die zur Seite stehende:

לשבניו

„(Siegel des) Schebnaju."

Herr Longpérier hat den Haken zu Ende der ersten Zeile fälschlich für ein Waw gehalten und sich auch über den Charakter des Waw getäuscht. Nach den Beispielen, welche uns über die Form dieses Buchstaben in den vorliegenden Siegeln (s. auch weiterhin) vorliegen, kann diese auch auf dem hier zu besprechenden Monumente unbedingt als Waw bezeichnet werden.

Wer der Schebnaju gewesen sei, lässt sich nicht mit Gewissheit angeben; ihn zu identificiren mit dem bekannten Beamten שבנא oder שבנה unter dem Könige Hiskiah, der möglicherweise so gut wie der Prophet Jesaja schon unter dem Könige Usiah fungirt haben könnte, dazu haben wir keine Berechtigung; ausser der Verschiedenheit der Endung möchte auch ein so hohes Alter kaum unserm Siegel zukommen. Die Form שבניו halten wir entweder = שבני mit angehängtem ו, wie in noch manchen andern

---

[1]) Aber es gehört, wie M. Munk einwandte, dem aramäischen Idiom an.

Eigennamen des A. T's [1]), oder יו lässt sich als Abkürzung von Jehova betrachten; man hat in diesem Falle für שֶׁב eine passendere Etymologie zu suchen, als bis jetzt gefunden worden ist.[2]) Bei עֲזִיו ist derselbe Fall: wir finden den Eigennamen עֲזִי und עֲזִיה, und man hat daher vollständige Berechtigung sich für die eine oder andere Ansicht zu entscheiden.

Ueber die Buchstabenformen unserer Inschrift wird man gewiss nicht in Bezug auf ein ziemlich hohes Alter zweifelhaft sein. Es sind sämmtliche Charaktere den betreffenden der vorangehenden althebräischen Denkmäler an Alterthümlichkeit der Form nicht nachstehend, nur beim Waw könnte man vielleicht die durchstrichene für älter halten. Doch wenn man unsere oben ausgesprochene Ansicht über diesen Buchstaben billigt, so durfte auch unser Waw-Zeichen auf ein hohes Alter Anspruch machen. [3])

9. Mit dem so eben besprochenen Denkmale stellen wir ein anderes zusammen, welches Herr Blau in ZDMG. XIX, 535 veröffentlicht hat. Dieser Gelehrte liest die Inschrift לְאַבִיו עֲבַד עֲזִיו „patri suo fecit Oziu" nach einer, wohl jetzt von ihm selbst kaum noch festzuhaltenden Ansicht über עֲבַד, im Sinne von עָשָׂה im Hebräischen oder פֿעל im Phönizischen. Uns war beim Anblick der Inschrift die Schriftart gleich als althebräisch vorgekommen und haben wir in dieser Annahme die Inschrift (s. unsere Taf. III, Nr. 7)

לְאַבִיו עֲבַד עֲזִיו

„(Siegel des) Abiju, Dieners Usiu" gelesen und mit der vorangehenden zusammengestellt. [4])

---

[1]) Wir haben über diese Endung schon früher in der ZDMG. XIV, 381 fg. gesprochen und glauben noch immer, dass sie dem Aramäismus angehöre.

[2]) Wir wagen nicht das שׁ als pron. relat. zu betrachten, durch welche Annahme die Ableitung keine Schwierigkeit hat.

[3]) Die kleinen Modificationen in den 3 Formen des Waw sind sehr unwesentlich und möchten vielleicht bei genauer Revision des Originals sich anders stellen. Dasselbe glauben wir auch von der Form des ersten Ain, das wohl im Original etwas grösser sein dürfte.

[4]) Im October vorigen Jahres in einer dem Herrn Renan für die französische Academie zugesandten Abhandlung. Wir freuen uns, dass Herr de Vogüé (a. a. O. Nr. 39) ganz dieselbe Ansicht über die Schriftart theilt.

Bei Abiju wollen wir beiläufig auf 2 Chr. 2, 12 vgl. 4, 16 auf die dort mit Hiram zusammengestellten Namen hinweisen. Es ist noch nicht klar, ob אֲב hier Würdename ist.

Die Glyptik, meint Herr Blau, erinnert etwas an ägyptische Kunst. Das ist nach unserer Ansicht sicher, wenn man z. B. dieselbe Figur bei Layard (Niniveh and Babylon p. 156) damit vergleicht. Nach dem englischen Gelehrten sei die Figur der ägyptische Gott Harpocrates, auf der Lotusblume sitzend (vgl. auch oben das Bild III, Nr. 3).

Die Formen des Waw sind gleich denen der vorangehenden Inschrift, doch giebt sich in der Gestalt des Sain und der Ligatur von בך ein etwas jüngeres Zeitalter zu erkennen. Es ist wohl reiner Zufall, dass beide Siegel das עֻזִּי עבד haben.

10. Wir haben dieses Siegel (s. Taf. III, Nr. 8), welches dem britischen Museum angehört, hier mitgetheilt, weil wir die Schrift für althebräisch halten, wenn auch eine befriedigende Deutung uns nicht gelungen ist. Die Zeichen sind:

לנגש׳
לבשה
(?)ברכ(ת)

Die von Rawlinson [1]) a. a. O. Nr. XVII, p. 242 gegebene Deutung „whom Nana has clothed with blessings" der Worte „Li Nana — sha — labashahu — birkat," hat uns als Siegel-Inschrift nicht befriedigt. Auch de Vogüé, der die Schrift für phönizisch hält (s. a. a. O. Nr. 18), weiss ebenfalls nur zu lesen: לנ שלבש הברכה „A Nun qui èst revêtu de bénédiction." Sollten etwa zwei Personen das Siegel geführt haben und Z. 1 und 2 mit ל jede derselben beginnen? Mögen Andere ein besseres Resultat erzielen; das jedoch müssen wir noch bemerken, dass uns selbst bei Annahme eines pron. relat. שַׁ die Deutung nicht so leicht scheint. Jedenfalls müsste man durch Autopsie entscheiden, ob der letzte Buchstabe ein Tav sei.

11. Siegel des britischen Museums, ein grüner Jaspis in Skarabäenform (s. Taf. III, Nr. 9):

לזכר
הושע

„Zur Erinnerung Hoschea's." Ob man, wie wir übersetzen, זֵכֶר oder

---

[1]) Die Zeichnung ist ganz ungenau bei diesem Gelehrten. Nach dem uns vorliegenden Abdruck in Siegellack vermögen wir keinen deutlichen Buchstaben am Schlusse der dritten Zeile zu lesen.

זֵכֶר als „memoria“ [1]) oder als Nom. prop. iu Verbindung mit הוֹשֵׁעַ, was nicht wahrscheinlich ist, nehmen will, so viel steht fest: der Schrifttypus ist althebräisch. Das Sain hat schon die etwas umgebogene Form, und allmälig bis zu den Zeiten Titus eine Gestalt angenommen, die wir in den Eleaser-Münzen, nach der glücklichen Entdeckung von de Vogüé (revue memismatique 1860, p. 283, s. unsere Geschichte der jüdischen Münzen S. 88) kennen gelernt haben. Auch das Kaf hat den Schaft bereits etwas umgebogen, was ebenfalls ein Zeichen jüngerer Entwickelung der alten Formen ist.

Auch dieses Siegel ist im ägyptischen Style gefertigt, geflügelte Sphinx mit dem Pschent versehen. [2])

12. Ein Siegel aus der Sammlung des Herrn Pérétié in Beyruth, welches Renan (Mission de Phénicie) und de Vogüé (Melanges p. 89 vgl. dens. p. 139) veröffentlicht haben mit der Inschrift

לכמשׁ
יהי

„(Siegel des) Kamosjechi,“ haben wir desshalb hier (s. Taf. III Nr. 10) mitgetheilt, um die fernere Entwickelung der althebräischen Schrift zeigen zu können. Denn allen Zeichen nach ist die Schrift althebräisch, wenn auch der Eigenthümer ebenso gut ein Moabiter, Ammoniter (s. Gesenius thes. p. 693), wie Judäer oder Israelit gewesen kann. Der Name כמשׁיהי ist von beiden Gelehrten mit יחיאל richtig verglichen worden und wenn auch der Götze Kamos zunächst als Hauptgott der Moabiter und Ammoniter in der Bibel genannt wird, so haben die Israeliten doch auch diesem Götzen gehuldigt (vgl. 1 Kön. 11, 7. 2 Kön. 23, 12. Jer. 48, 7) und daher auch wohl die Möglichkeit nicht bestritten werden kann, dass einer unter ihnen sich nach demselben genannt haben mag. Sei dem wie ihm wolle, die Schriftform zeigt beim Kaf dieselbe Form, wie auf dem vorhergehenden Siegel, und ist das vorliegende wohl nicht viel später als dieses verfertigt, gewiss noch im sechsten oder fünften Jahrhundert vor Christo.

13. Ein kleines Siegel aus dem Cabinet des Duc de Luynes enthält allem Anschein nach althebräische Zeichen, so wie der Styl ganz

---

[1]) In diesem Sinne ist das זכר auch gleichsam als חותם „Siegel“ in der Stelle 2 Mos. 3, 15 aufzufassen. An andern Orten steht es = שם, wie Ps. 30, 5. 97, 12 vgl. 106, 47. 1 Chr. 16, 35.

[2]) Vgl. de Vogüé a. a. O. Nr. 38.

dem der sichern hebräischen Siegel gleicht. Doch vermag ich aus der Inschrift (s. Taf. III, Nr. 11):

לחשכ(ו?)
אמה(ל?)

keinen passenden Sinn herauszubringen. Sicher sind die vier ersten Zeichen in erster Zeile, nur das letzte ist nicht ganz deutlich; ebenso sind die drei ersten Zeichen der zweiten Zeile zu bestimmen, während das letzte wiederum nicht genau anzugeben ist. Bis auf das Schin und das Aleph sind die Charaktere ziemlich alterthümlich. Jedenfalls ist durch das voranstehende Lamed ein Eigenname in den Zeichen zu suchen, aber mir will sich kein passender ergeben. Vielleicht ist ein Anderer glücklicher in der Entzifferung.

14. Was wir über das so eben (Nr. 12) behandelte Monument gesagt haben, gilt zum Theil auch von dem Folgenden. Auch hier werden wir ein Bild kennen lernen, das unzweifelhaft einem Nichtverehrer Jehova's, aber doch ganz und gar dem althebräischen Schrifttypus angehört. [1]

Wir verdanken dieses interessante Siegel Herrn de Vogüé (a. a. O. Nr. 40). Er giebt folgende nähere Beschreibung: Ellipsoïde à deux faces, trouvé à Jérusalem par M. Reichardt, missionaire protestant... Deux personnages barbus, coiffés d'une tiare sphérique, en adoration devant une triade composé du dieu perse Ormuzd, du Soeil et de la Lune. Die Inschrift wird von de Vogüé ganz richtig gelesen:

למנחמת אשת נדמלך

„(Siegel der) Menachemeth, des Weibes von Gadmelech" (s. uns. Taf. III, Nr. 12). Die Zeichen am Schluss der ersten Zeile sind gewiss bedeutungslos, um die Reihe auszufüllen, gerade wie oben in dem Siegel Nr. 2. Die Formen der Buchstaben sind eine jüngere Entwickelung des althebräischen Schrifttypus, wie man dies an dem umgebogenen Schafte des Nun und Mem deutlich sieht; das Daleth ist in umgekehrter Form und das Kaf hat den spitzen Winkel zur rechten bereits mit einem stumpfen vertauscht.

Die Namen bedürfen in sprachlicher Beziehung keiner Erläuterung, dagegen ist das Vorkommen von נדמלך eine erwünschte Parallele zu

---

[1] Sollten die Schriftmonumente der Art häufiger vorkommen, so müsste man am Ende einen passenderen Ausdruck als „althebräisch" für die auf ihnen sich zeigenden Schriftzeichen, etwa „canaanitisch," wählen.

בְּעֶלְנָד (Jos. 11, 17), einem Orte, der gewiss vom Cultus des Gad (Jes. 65, 11) [1]) seinen Namen führt.

15. Ein anderes Siegel zeigt gleichfalls das Bild des Ormuz und ist doch den Schriftzeichen nach althebräisch. Es befindet sich im Cabinet des Herrn de Vogüé (s. a. a. O. Nr. 42) und ist von Herrn Pérétié in Beyruth entdeckt. (S. unsere Taf. III, Nr. 13). Herr de Vogüé liest die Inschrift:

ליחץ

„(Siegel des) Jachatz." Wir stimmen ihm auch bei, dass das letzte Zeichen nichts anderes als צ sein kann, der Schenkel ist zur linken statt zur rechten Seite gekehrt eingravirt worden. Der Name entspricht dem biblischen יחצאל und ist eine Imperfect-Bildung von חצה.

16. Ein Amethist aus der Sammlung von de Luynes aus Syrien herkommend hat die Inschrift (s. Taf. III, Nr. 14)

לעזא בן בעלחנן

„(Siegel des) Ussa, Sohnes Baalchanan." Dies Siegel hat allen Anspruch zu den althebräischen gezählt zu werden, da aller Bilderschmuck fehlt. Die Namen sind beide aus der Bibel bekannt; ein Baalchanan findet sich auch, ausser 1 Mos. 36, 38 als König der Edomiter, als Beamter Davids 1 Chr. 27, 28 und kann daher, trotz seines heidnischen Namens ein Hebräer sein. Der Schrift nach ist unser Siegel jünger, als die früheren; de Vogüé (a. a. O. Nr. 40) glaubt, es sei nicht früher als das vierte Jahrhundert vor Christo.

17. In dieselbe Zeit ist vielleicht auch der Scarabäus, der zu Jerusalem gefunden worden und dem „Palestine Excavation Fund" angehörig, zu setzen, da die Schrift ziemlich gleich der des unter Nr. 16 behandelten Amethisten ist. Der Stein ist von Lieutenant Warren erst kürzlich gefunden worden, den Siegelabdruck verdanke ich der Güte des Herrn S. Birch.

Die Inschrift (s. unsere Taf. III, Nr. 15) ist deutlich:

להגי בן שבניה

„(Siegel des) Haggi oder Haggai, Sohnes Schebanjah's."

Wir können den Besitzer des Siegels entweder Haggai oder Haggi benennen; beide Namen sind biblisch, ersterer dem bekannten Propheten angehörig, letzterer ein Nachkommen des Gad nach 1 Mos. 46, 16.

---

[1]) s. die Ausleger zu dieser Stelle.

4 Mos. 26, 15. Den Propheten selbst, der ein Zeitgenosse des Darius Hystaspis war, als Besitzer des Siegels zu betrachten — denn der Hypothese bleibt weites Spiel, weil bekanntlich der Name des Vaters des Propheten nicht in der Bibel genannt ist — scheint nicht sehr wahrscheinlich, die Schrift zeigt offenbar auf ein jüngeres Zeitalter hin, besonders das Nun und das He.

Den Vaternamen haben wir in etwas anderer Form bereits oben Nr. 8 kennen gelernt, der in der vorliegenden ist sehr häufig in den biblischen Schriften, seit der Zeit des Exils.

18. Der Schrift nach steht dem so eben behandelten Siegel am nächsten das bereits von Gesenius (mon. ling. phön. tab. 31, Nr. LXVII) mitgetheilte, das Rödiger (ZDMG. III, 347) als althebräisch erkannte. Er liest:

לך אהבת בת רמליה

und erklärt: „für Dich Ahubath, Bath-Remaljahu, אהבת bedeutet a m o r, deliciae, auch wohl a m i c a und ist möglicher Weise Eigenname der Tochter Remaljahu's. So liesse sich die von Gesenius aufgestellte Vermuthung festhalten, dass der Stein einen Ring oder ein anderes Schmuckstück zierte, welches als Geschenk dargebracht wurde: „für Dich, A. bath-R." Sonst nehme man אהבת in appellativer Bedeutung: „Dir die Liebe der Tochter des Remaljahu" was entweder gleichfalls Aufschrift eines geschenkten Schmuckes oder die Inschrift eines Briefsiegels wäre, in der Art wie wir dergleichen haben."

Wir glauben jedoch besser zum Ziele zu gelangen, wenn wir das zweite Zeichen als Nun nehmen (s. ganz dieselbe Form Taf. III, Nr. 12 und 15) und lesen

לנאהבת

„(Siegel der) N e h e b e t h, Tochter Remaljahu's" ein sehr passende Benennung für ein Weib = a m a b i l i s; das Wort ist Part. Niph. von אהב vgl. 2 Sam. 1, 23.

Die Figur, welche die beiden Schriftzeilen trennt, ist keine Schleuder, wie T ö l k e n meint, sondern nur ein verzierter Trennungsstrich, wie Rödiger richtig gefunden hat. Die später aufgefundenen althebräischen Siegelsteine geben dazu Belege. — Der Stein gehört dem königlichen Berliner Cabinet an.

19. Noch jünger ist der in Cyrene gefundene Siegelstein, dessen Inschrift Fresnel als althebräisch richtig erkannt hat; sie lautet

לְעַבְדְּיָהוּ
בֶּן יָשֻׁב

„(Siegel des) Abadjahu, Sohnes Jaschub." S. die Abbildung bei Judas:
Études demonstratives de la langue phénicienne, Pl. II, Nr. 8. Die Namen
bedürfen keiner Erläuterung.[1])

20. Endlich ist hier noch unter die althebräischen Denkmäler auf-
zuführen die Gemme, welche sich bei Gesenius (Mon. ling. phön. tab. 11
Nr. XL, bis) findet. Wir haben über die Inschrift:

לבניהו בן חר(?)

ausführlich in der ZDMG. XI, 318 fg. gehandelt. Wir sind noch heute
der festen Ueberzeugung[2]), dass die Schrift althebräisch ist, wenn auch
der zweite Name nicht eher mit Sicherheit gelesen werden kann, bis eine
Revision des Steines stattgefunden hat. Leider kennt man jetzt nicht
mehr den Besitzer desselben.

Was Hitzig (ZDMG. XII. (1858) S. 698) gegen die Zutheilung dieses
Siegels an Hebräer, wegen des auf der Gemme vorkommenden Bildes eingewandt hat, wird nunmehr wohl von ihm nicht mehr behauptet
werden.

IV.
Siegel mit himjarischen Inschriften.

Was bis vor einigen Jahren an Siegeln mit himjarischen Inschriften
vorhanden war, haben wir zusammengestellt in ZDMG. XIX (1865) S.
292 fg. Man wird wohl in der Annahme nicht irren, dass die bisher bekannt gewordenen Siegel aus Assyrien und Babylonien herrühren[3]), und
dass ein bestimmter Schrifttypus dieselben in Gegensatz zu den in Südara-
bien gefundenen kennzeichnet.[4])

---

[1]) Judas selbst liest לְעַבְדְּיָה, das letzte Zeichen ist aber sicherlich ein
Waw, daher die Inschrift, wie oben angegeben zu entziffern ist. Ebenso
liest auch Rödiger a. a. O. S. 244. Auch Movers: Encyklopädie von Ersch und
Gruber Sect. III, Th. 24, S. 424. Anm. 74 erkannte die Schrift als althebräisch.

[2]) Ueber die Inschrift eines andern daselbst S. 423 mitgetheilten Steines
bin ich jetzt anderer Ansicht.

[3]) Auch das oben I Nr. 33 S. 19 besprochene Siegel ist hierher zu ziehen.

[4]) Diese Eigenthümlichkeiten zeigen sich darin, dass der Trennungsstrich
zwischen den einzelnen Wörtern in der Regel fortgelassen ist, was freilich bei
der Kürze der Inschrift sich leicht erklärt; in der spitzen Form des Resch und
Ain, und zum Theil in der Gestalt des Kreuzes beim Taw = + (s. jedoch a. a.
O. Taf. 35, Nr. d).

In neuerer Zeit ist jene Sammlung noch bereichert worden durch eine Gemme, welche François Lenormant in dem Bulletin de l'Académie des Inscriptions et Belles-Lettres 1867 veröffentlicht hat. [1] Es ist ein Chalcedonstein, länglich rund, der wahrscheinlich in Moka erworben worden ist. Die Inschrift ist in zwei Theile getheilt, durch eine symbolische Figur (nach M. de Longpérier eine Mandragora.[2]) Wir geben diese Legende (s. Taf. III, Nr. a) in hebräischer Umschrift, in der Weise wie Osiander die himjarischen Zeichen zu umschreiben pflegte:

בֶּן־שִׂין בֶּן
עבדעתֿר

„Ben-Sin, Sohn Abdattor."

Die Erklärung der Namen macht weiter keine Schwierigkeit und Herr Lenormant hat das Nöthige dafür beigebracht. בֶּן־שִׂין ist zu vergleichen mit dem griechischen Διογένης und ähnlichen mit den Göttern componirten Namen; auch im Himjarischen findet sich בֶּן־אֵל bei Wrede in einer noch nicht veröffentlichten Inschrift und wir möchten auch noch auf die Eschmunazar-Grabschrift hinweisen, wo Zeile 3 nach unserer Ansicht (s. phön. Stud. I, S. 8) der König בֶּן־אֵל „Gottessohn" genannt wird, eine Vermuthung, die ich auch heutigen Tages aufzugeben keinen Grund habe, zumal eine bedeutende Autorität jene Ansicht adoptirt hat. [3]

Der Name des Vaters bedarf ebenfalls keiner weitern Erläuterung und weisen wir auf die Ergebnisse der Untersuchung hin, welche Osiander (ZDMG. XX, S. 279) über die Göttin Attor geführt hat; vgl. auch Lenormant gegen den Schluss seiner Abhandlung. Soviel steht jedenfalls fest, dass die Inschrift der Gemme ZDMG, Taf. 35, b ganz richtig

דברך בן
ערעא

gelesen ist, und schwerlich irgend Jemand Herrn Rawlinson (s. bilingual Readings Nr. VI, p. 234) zustimmen dürfte, wenn er zu lesen vor-
schlägt:

דברכת־בל סרסא

„of Barkat-bil the Eunuch."

Eine andere noch nicht veröffentlichte himjarische Inschrift auf
einem Siegel des britischen Museums theilen wir hier nach einem Siegelabdruck, den wir Herrn S. Birch verdanken, hier mit; s. Taf. III,
Nr. b.

Die hier abgezeichnete Siegelinschrift hat viel Aehnlichkeit mit der
in ZDMG. XIX, Taf. 35, 9, aus welcher man nur einzelne Buchstaben
herausgelesen hat, ohne dass eine vollständige Entzifferung, die allerdings
nicht ohne Schwierigkeit ist, geglückt wäre. Auch mit der vorliegenden
Inschrift bin ich bis jetzt noch nicht zu einem befriedigenden Resultat
gelangt.

V.

Siegel mit nabathäischen und altsyrischen Inschriften.

Wir stellen diese Inschriften unter einer Rubrik zusammen, weil sie
im Grunde auf einen Schrifttypus sich zurückführen lassen. Beide sind
eine jüngere Entwickelung des aramäischen Alphabets. Man wird diese
Ansicht leicht gewinnen, wenn man die inschriftlichen Monumente des
Nabathäischen und des Altsyrischen (Estrangelo) nebeneinander stellt.
In den meisten Schriftzeichen treffen beide zusammen, während in einigen
wenigen ein merklicher Unterschied, selbst in den jüngsten Inschriften,
sich nicht verkennen lässt. Wir halten es daher für zweckmässig die
Siegel beider Schrifttypen besonders zu betrachten.

A. Nabathäische Siegelinschriften.

Die Entzifferung der nabathäischen Inschriften der Sinaihalbinsel
und Petra's datiren erst nach einigen Jahrzehnten und die des Haurân
erst aus jüngster Zeit; kein Wunder, wenn Siegel mit nabathäischen
Schriftzeichen noch zu den selteneren epigraphischen Denkmälern zu
zählen sind. Dennoch habe ich vor einigen Jahren ein Siegel mit naba-
thäischer Schrift in ZDMG. (1863) XVII, S. 87 fg. nachzuweisen versucht
und bin heute noch über den Schrifttypus derselben Ansicht. Ueber die
Entzifferung lässt sich natürlich streiten; bei der eigenthümlichen Ver-

schlingung der Zeichen lässt sich in vielen Fällen nicht mit Sicherheit
die richtige Lesung feststellen.

Eine zweite Legende in der genannten Schriftart giebt eine Gemme
(grüner Jaspis) des königlichen Cabinets in Kopenhagen, deren Bild Herr
Mordtmann in ZDMG. XVIII, Taf. VI, Nr. XII mitgetheilt hat. Es
heisst daselbst S. 51, Nr. XI (Druckfehler für XII): „Ein Reiter, welcher mit seinem Spiess eine zweiköpfige Schlange tödtet. Die Legende
sieht theils wie Pehlevi, theils wie Arabisch aus." Ich glaubte in den
Zeichen eine andere Schriftart zu erkennen, und diese Vermuthung fand
ihre Bestätigung durch den Siegelabdruck der Gemme, die ich durch
Herrn Dr. L. Müller in Kopenhagen auf meine Bitte erhielt. [1]) Es zeigt
sich nun, dass die Zeichnung Mordtmanns ganz ungenau ist, wie Jeder
dies durch Vergleichung unserer Lithographie (s. Taf. III, Nr. α) mit der
früheren leicht sehen kann.

Das Bild stellt offenbar einen Reiter dar, der mit seiner Lanze einer
Schlange in den Rachen fährt, und man wird alsbald an den heiligen
Georg mit dem Drachen erinnert, eine Sage, welche bekanntlich aus dem
Orient stammt. Ist meine Vermuthung in Bezug auf die Schriftzeichen
gegründet, so wird dies Bild auch von Interesse für die Sagenbildung
sein, worauf wir uns jedoch hier nicht weiter einlassen wollen.

Die Schriftzeichen zur rechten Seite, neben dem Kopf des Pferdes,
können wir nicht anders als nach dem nabathäischen Schrifttypus deuten.
Das erste Zeichen ist offenbar ein Aleph in der jüngern Entwickelung,
wie wir es fast durchgehends in den Inschriften der Sinaihalbinsel und
häufig auch in denen des Haurân antreffen. Dieser Buchstabe ist so
eigenthümlich gestaltet, dass er als maassgebend für die Bestimmung des
Schrifttypus angesehen werden kann. — Das zweite Zeichen kann ein
Waw, möglicherweise auch ein Phe sein. Auch über die Bestimmung
des dritten Buchstaben, wenn nicht etwa eine Ligatur von zweien in ihm
gesucht wird, kann man zweifelhaft sein, ob er ein Cheth oder Taw dar-
stellen soll.

Auch zur Seite des Armes, der die Lanze führt, ist noch ein Zeichen,
etwa ein Jod, wahrzunehmen und man ist in Ungewissheit, ob es zu
den übrigen Zeichen gehört, oder ob es etwa eine symbolische Bedeutung hat.

---

[1]) Auch den folgenden Siegelabdruck verdanke ich dem verehrten Archäologen, wofür ich den besten Dank ihm hier ausspreche.

Nach Darlegung aller Schwierigkeiten, welche sich der sichern Bestimmung der Buchstaben entgegenstellen, verzichten wir auf die Fest-
stellung einer Entzifferung; wir überlassen sie dem Scharfsinne Anderer;
in der Annahme jedoch, dass die Zeichen zu den nabathäischen zu rechnen seien, glauben wir nicht zu irren. Auch dürfte wohl die Inschrift
nach dem ersten nachchristlichen Jahrhundert zu setzen sein.

B. Altsyrische Siegelinschriften.

1. Als die älteste in dieser Schriftart abgefasste Legende betrachten
wir die hier mitgetheilte auf Taf. III Nr. β. Die Gemme ist im britischen
Museum und ist von Thomas unter die Pehlevi-Inschriften in seiner
Arbeit: „Notes introductory to Sassanian Mint Monograms and Gems"
in dem „journal of the Royal Asiatic Society XIII, p. 373 fg." gesetzt
worden, vgl. das. Pl. II, Nr. 53 und III, Nr. 53. Im Texte p. 423 bemerkt dieser Gelehrte: „The Legend is expressed in a new variety of
Pehlevi." Herr Thomas hat sich jedoch darin geirrt, für Pehlewi kann
diese Legende nimmermehr gelten; man muss die Inschrift umkehren
und man hat die altsyrische Inschrift:

אמתנא

Welche Beziehung zwischen ihr und dem Bilde stattfindet, weiss ich
nicht anzugeben. Die Deutung des Namens ist sehr schwierig; je nachdem
man das Wort theilt, kann man einen verschiedenen Sinn herausbringen.
Theilt man אם התא *mater coronae*, so gehört das Siegel einem Weibe;
theilt man אמת נא so ist wohl das erste Wort leicht zu deuten = *serva*,
nicht aber das zweite. [1]) Nimmt man das Aleph als prosthetisch, so findet
sich מתנא im Aramäischen nur bei Pseudo-Jonath. 1 Mos. 26, 31 = hebr.
מתג Zaum. Sei dem wie ihm wolle, die Schrift des Siegels ist jedenfalls altsyrisch und gehört zu den ältesten Denkmälern dieser Schrift-
gattung; sie ist noch ziemlich den Zeichen der palmyranischen Monumente und denen der edessenischen Münzlegenden (s. ZDMG. XII, S.
209 fg.) ähnlich, so dass das Siegel schwerlich jünger als das zweite
Jahrhundert nach Christo ist.

2. Ein Siegel mit Estrangalo-Schrift giebt Mordtmann a. a. O. Taf.
VI, Nr. VIII, ohne jedoch die Quelle anzugeben; denn die Ueberschrift

---

[1]) An Γαῖα oder Γῆ ist kaum zu denken. Wer ein Freund von Hypothesen ist, möchte עברנה (s. phön. Stud. III, S. 47) in עברנה umwandeln, um
auch diese Göttin bei den Phöniziern aufzuzeigen.

4*

„aus dem königlichen Cabinet von Kopenhagen" kann sich nicht auf dasselbe beziehen, weil es dort nicht vorhanden ist. Es wäre wünschenswerth
sich von der treuen Wiedergabe zu überzeugen, ehe man einen Versuch
zur Entzifferung anstellte; nach den Erfahrungen, welche wir mit dem
zuerst sub V besprochenen Siegel gemacht haben und mit dem alsbald zu
behandelnden machen werden, können wir uns auf sorgfältige Wiedergabe bei Mordtmann nicht sehr verlassen.

3. Ein Granat im königlichen Cabinet zu Kopenhagen hat eine Inschrift (s. uns. Taf. III, Nr. γ) in Estrangelo-Zeichen, für deren Erklärung mir zur Zeit kein klares Verständniss geworden ist. Herr
Mordtmann a. a. O. Nr. VII giebt eine ganz ungenügende Copie desselben Siegels.

Nur eine Vermuthung sei mir gestattet hier auszusprechen. Ist das
Siegel christlichen Ursprungs, wie es nach dem Symbol des Kreuzes wohl
sehr wahrscheinlich ist, so dürfte man vielleicht, von der rechten Seite
des Altars beginnend, lesen:

$$\text{לכ(?)בלהא}$$

das wäre mit vorangesetztem ל der Name [1]) des Besitzers. Die Fort-
setzung ist dann über dem Vogel zu suchen, wo חן und weiter עלוהי „er
begnadigt ihn" zu lesen wäre. Im Sinne muss ergänzt werden:
„Christus," oder „Gott." Die Construction wäre so, wie im Arabischen
רחם עלי; im Chaldäischen ist diese mit על bei חנן nicht selten. Doch,
wie gesagt, darf man diese Entzifferung nur als guten Willen die Lösung
wenigstens zu versuchen hinnehmen.

---

[1]) Bei der Unsicherheit der Lesung wollen wir auch keine Deutung desselben versuchen. Der zweite Buchstabe sieht fast ganz so aus wie der dritte
in der obern Zeile und müsste folgerecht auch ein Waw sein. Nach dem Arabischen ist für וכלהא eine Erklärung möglich.

Nachträge.

Zu S. 9. Zwischen Nr. 13 und 14 möchten wir das Bild eines Cylinders mit der Inschrift (s. Taf. I, Nr. 4, a):

לבכתגם

„(Siegel des) Kyntegam" setzen, nach einem Siegelabdruck, welcher uns durch Herrn S. Birch während des Druckes dieser Abhandlung zugekommen ist. Der genannte Gelehrte bemerkt uns, dass der Cylinder zu der „Wodehouse collection" gehört. Dass dies kleine Monument assyrisch-babylonischer Abkunft ist, scheint aus den symbolischen Figuren hervorzugehen; der Schrift nach ist es zu den älteren Denkmälern zu rechnen. Die Deutung des Namens möchte nach Analogie von הרתבל S. 15 Nr. 21 „Hor ist die Zuversicht" vorgenommen werden. In כן kann man die bekannte babylonische Gottheit Chon oder Kyn [1] sehen; תגם ist vielleicht = הבל der eben genannten Inschrift, indem Gimel und Kaph, Mem und Lamed gewechselt haben, so dass der Sinn des Namens wäre: „Kyn ist die Zuversicht." Indessen gebe ich gerne diese Etymologie gegen eine bessere auf.

Zu S. 27, Nr. 12 (s. Taf. II, Nr. 11) ist nachzutragen, dass nach Notizen, die ich später aufgefunden, das Siegel aus Kleinasien und nicht aus Syrien herrührt. Man wird daher auch nicht sehr fehlgreifen, wenn man es zu den aramäischen rechnen will, obgleich durch den Fundort auch die phönizische Abkunft nicht ausgeschlossen ist.

Zu S. 31. Zufälligerweise ist die Einreihung einer phönizischen Inschrift vergessen worden. Ein goldener Ring, aus Syrien stammend, aus der Sammlung de Luynes', hat die Inschrift (s. unsere Taf. II, Nr. 18):

הנא בן ארש

„(Siegel des) Hanno, Sohnes Aris."

---

[1] S. über dieselbe in unserer Abhandlung ZDMG. XIV, S. 442 fg.

Die Inschrift allein zur linken Seite haben wir in unserer Tafel litho-
graphiren lassen, weil die Figur, eine aufrecht stehende Person, uns
nicht ganz deutlich schien. Die Namen sind bekannt; אריש findet sich
häufig auf phönizischen Steininschriften (s. unser phön. Wb.) und spricht
sich nach den bei Gesenius (mon. p. 401) angeführten Stellen bei den
Classikern Aris aus. Die Schrift weist auf ein ziemlich hohes Alter,
etwa das fünfte vorchristliche Jahrhundert, hin; besonders bemerkenswerth ist das ש, das ebenso gestaltet in Sid. II (s. phön. Studien III, 55.
§ IV, S. 25 fg.) sich findet. [1])

Zur rechten Seite treffen wir ein paar Zeichen, die wir nicht zu
deuten vermögen.

Zu S. 37. Nachdem ich einen zweiten Siegelabdruck erhalten, sehe
ich, dass am Ende der ersten Zeile doch ein Buchstabe ursprünglich vorhanden war; durch Beschädigung ist er nicht mehr ganz erkennbar. Den
noch übrig gebliebenen Spuren nach kann nur ein Beth gestanden haben,
also אלאב, wie ich dies bereits früher vermuthet habe (s. phön. Stud.
III, S. 78).

Zu S. 41. An die beiden Siegel Taf. III, Nr. 6 und 7 schliesst
sich ein anderes an, das nach seinen beiden Seiten mit jenen der Glyptik und dem Inhalte nach Manches gemein hat. Es ist erst kürzlich vom
britischen Museum erworben worden und soll früher der Sammlung von
Pollini in Florenz angehört haben. Einen genauen Siegelabdruck schickte
mir Herr S. Birch, nachdem der Druck der voliegenden Schrift beinahe
schon vollendet war.

Das Siegel ist aus Bergkrystall und hat auf der einen Seite fast ganz
dasselbe Bild (Harpocrates auf der Lotosblume sitzend), wie Taf. III,
Nr. 7, die Einfassung aber ganz so, wie III, Nr. 6. Der Schrift nach
möchte es etwa gleichen Alters wie das erstere sein.

Die Inschrift (s. Taf. III, Nr. 7, a) ist leicht lesbar:

לעיטיו

בן יוקם

„(Siegel des) Assiju, Sohnes Jokim."

Eigenthümlich ist unserm Siegel der Trennungsstrich nach jedem
Worte der kurzen Inschrift, wie wir etwas dem Aehnliches oben Taf. III,

[1]) Die Inschrift von Eryx führen wir nicht gerne als Beleg an.

Nr. 2 (s. S. 34) am Ende der Inschrift durch die zwei kleinen Striche und Taf. II, Nr. 5 ebenfalls durch einen Strich nach dem ersten Namen wahrgenommen haben. Das wären sehr alte Belege für ein Trennungszeichen, wie im Himjarischen dies auf dieselbe Weise gewöhnlich geschieht, im Phönizischen seltener durch einen Punkt ausgedrückt wird. Das Althebräische unseres kleinen Monuments ist somit ein Vorläufer des späteren trennenden Silluk unserer hebräischen Texte. Wir erhalten dadurch zugleich die Bestätigung, dass unsere Vermuthung über die Bestimmung des letzten Zeichens Zeile 1 in Taf. II, Nr. 4, über das Ende der Inschrift in Taf. III, Nr. 2 und über die Formen am Schluss der ersten Zeile in Taf. III, Nr. 12 (s. S. 44) nicht unbegründet war.

Die Deutung der Namen in unserer Inschrift macht weiter keine Schwierigkeit. Der erste Name עשׁין ist gleich dem biblischen עֲשָׂיה, der sich häufig genug im A. T. findet (vgl. אֶלְעָשָׂה und עֲשָׂראֵל), und bietet den erwünschten Beleg, dass יׁ ..... offenbar eine Verkürzung von Jehova ist. Der zweite יוקם = dem biblischen יׁקִים Jokim 1 Chr. 4, 22 enthält dieselbe Verkürzung im Anfange des Wortes, =

יְהֹוָיקִים, יוֹיקִים.

In den Schriftzeichen ist die Form des Jod bemerkenswerth durch die Anhängung eines kleinen Strichs an den untern wagrechten, wie es uns bis jetzt in dem althebräischen Schrifttypus noch nicht vorgekommen ist. — Das Koph ist ganz so gestaltet, wie das auf dem Siegel Taf. III. Nr. 5, und das Mem ähnlich dem daselbst sich vorfindenden. Im Allgemeinen tragen die Buchstaben das Kennzeichen der Alterthümlichkeit an sich, bis auf das Nun, das bereits einen geöffneten Kopf und eine Umbiegung am Schafte zeigt, wie in Taf. III, Nr. 14 und 15; in den übrigen Zeichen trägt unser Siegel das Gepräge höheren Alters, als die beiden letztgenannten.

—•—

Druck von C. H. Storch und Comp. in Breslau.

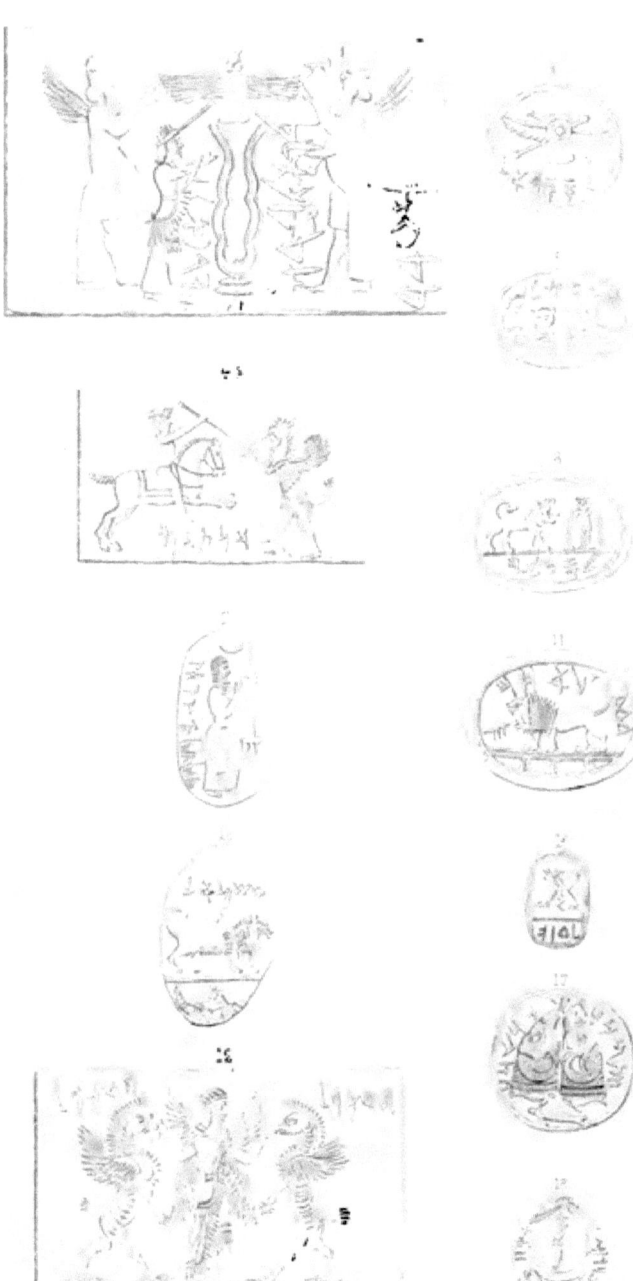

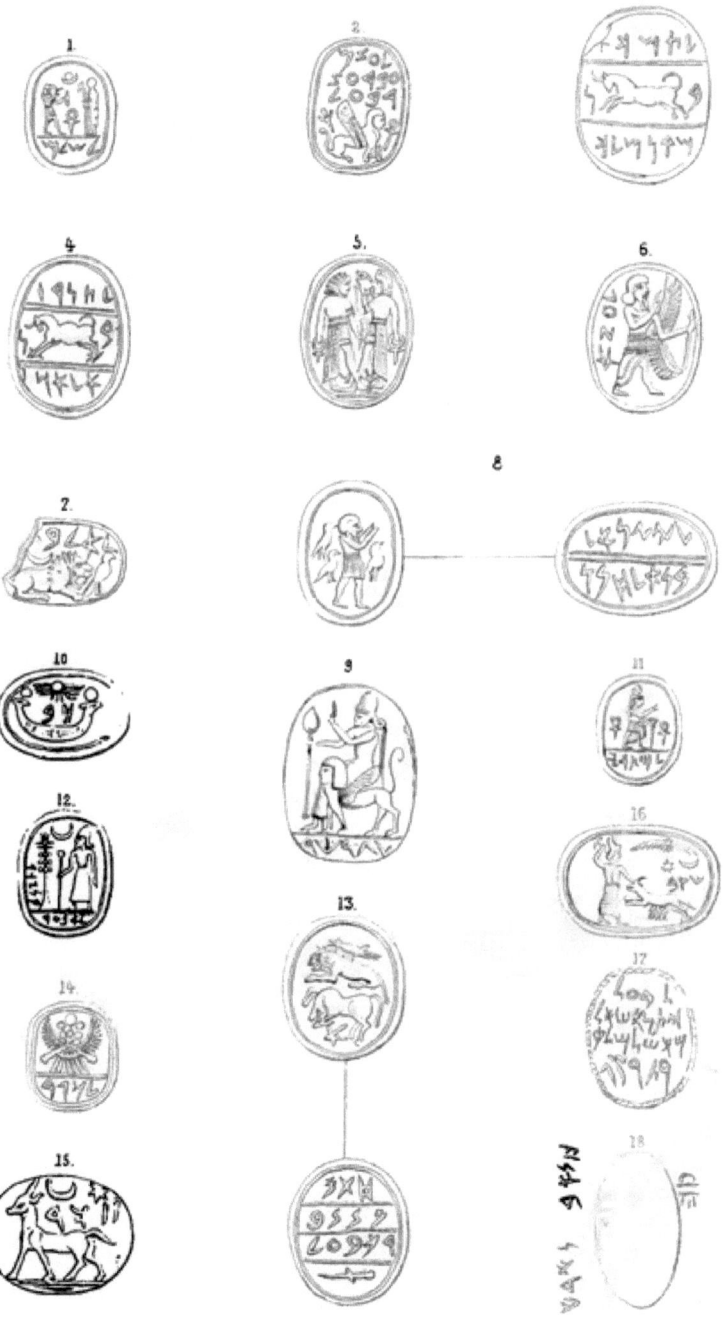

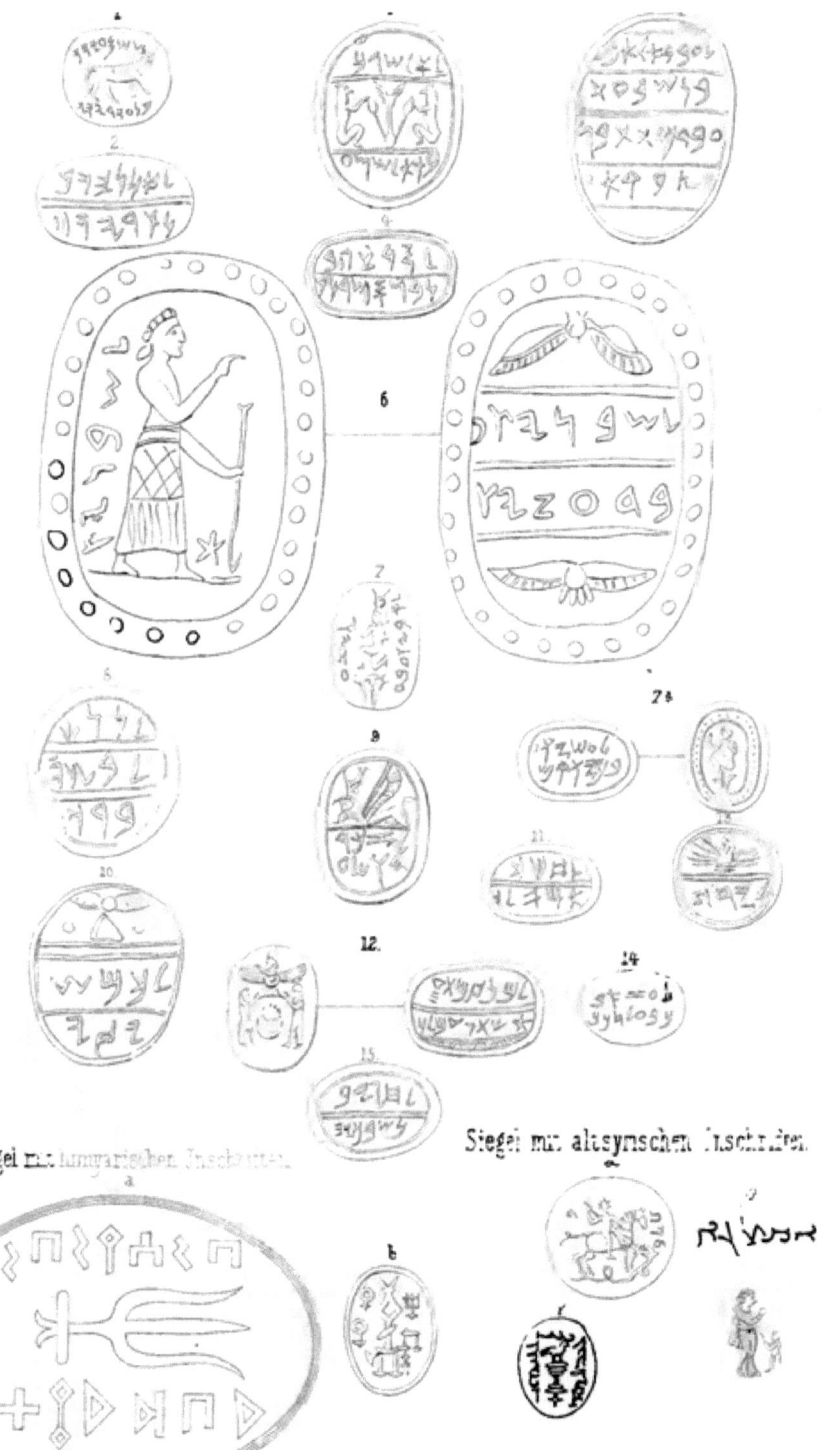

Siegel mit kyprischen Inschriften.

Siegel mit altsyrischen Inschriften.